The Basic Cuisine

셰프, 기본이 되는 기초조리

윤 수 선

지식인

The Basic Cuisine
셰프, 기본이 되는 기초조리

2019년 3월 5일 초판 1쇄 인쇄
2019년 3월 8일 초판 1쇄 발행

지은이 | 윤수선
펴낸이 | 김종욱
펴낸곳 | 지식인
등 록 | 제301-2013-134호
주 소 | 서울시 도봉구 도봉로 180길 20 투웨니퍼스트 102동 602호
전 화 | 02)2266-8606 (대)
팩 스 | 02)2266-8607
이메일 | jisikin2013@naver.com
홈페이지 | www.jisikinbook.co.kr

ISBN 979-11-88105-34-2 (93590)

값 23,000원

The Basic Cuisine

셰프, 기본이 되는 기초조리

PREFACE

조리 전문 인력을 양성하는 대학의 조리 관련 학과와 조리를 전문으로 교육하는 학교들이 많이 있습니다. 여기에서 양성하는 조리 전문 인력들이 이제는 건강의 범위를 넘어 새로운 즐거움과 흥미로운 요리들을 선보이고자 노력해야 하지 않을까 생각합니다. 또한 다양한 식문화가 융합된 건강에 좋은 요리이면서 만들기도 쉬운 요리가 주를 이루게 될 것이며, 동시에 식문화 관련 산업의 발전도 끊임없이 지속되어질 것이라 생각됩니다.

조리를 처음 배우거나 앞으로 조리를 직업으로 하려는 분들에게 조금이나마 길잡이가 되었으면 하는 바람으로, 조리에 있어 무엇보다 기본이 되는 기초조리와 개인위생, 사전 준비과정, 썰기방법, 식재료 손질법 등을 체계적이고 알기 쉽도록 사진과 함께 기술하였습니다.

저자는 호텔 현장 경험의 노하우와 대학에서 학생들을 지도하면서 기초와 기본이 필요하다고 느낀 부분들을 정리하여 집필하였으나, 다소 미흡하고 부족한 부분들은 수정·보완을 거치면서 완성도 있는 책이 되도록 노력하겠습니다.

자료수집과 정리를 도와주신 분들과 이 책이 출간되기까지 사랑과 관심으로 지켜봐주시고 격려해주신 주위의 모든 분들에게 진심으로 감사의 말씀을 드립니다. 더불어 집필할 수 있도록 지원해주신 지식인의 대표님과 편집에 힘써주신 관계자 분들에게 감사의 인사를 드립니다.

윤수선

CONTENTS

독자 분들께 드리는 글

셰프가 되고자 하는가?

요즘 고등학교에서 대학교까지 기본적으로 3년에서 5년 이상 요리를 배우다가 사회로 진출하는 경우가 많은데도 불구하고, 아직도 무슨 요리를 할지 모르겠다는 고민을 많이 합니다.

'셰프!' 어렵게 접근하지 말고 단순하고 크게 생각해 보세요. 양식? 한식? 일식? 중식? 프랑스식? 동남아식? 퓨전식? 등등 다양한 분야가 많이 있습니다. 물론 다양하게 많은 분야를 배우거나 접한 후 무엇인가를 선택할 수 있다면 더욱 좋겠지요. 우선 셰프가 되고자 한다면 자신의 요리에 대한 중심이 있어야 합니다. 지금 생각하기에 관심이 좀 부족하거나 너무 우유부단하지는 않았나 생각들을 다시 정리하고, 이제 결정해 보세요. 자신이 하고자 하는 요리가 명확히 정해져야 취업 또는 창업에 있어 보다 세부적인 계획을 세울 수 있습니다(본인이 무슨 요리를 해야 하는지 결정을 못하고 중심을 잡지 못한 채 현장에 뛰어들면 실패로 이어지는 지름길입니다).

단순히 취미가 아닌 '직업'을 선택하는 일이니 신중하게 생각해야 합니다. 급여를 받고 일을 하는 것이기에, 단순히 좋아하는 개념의 '취미'와는 다릅니다. 이 분야를 택하는 게 옳은가? 하는 의문이 생긴다면, 간접적으로라도 그 일을 경험해 보세요.

요리를 즐기는 셰프가 되어라

모든 일은 즐길 수 있어야 합니다. 단순히 이 악물고 버티며 참는 것에는 한계가 있습니다. 힘들어도 그 일에 보람을 느끼고, 행복해 하며 즐기는 마음이 있어야 그 일을 지속할 수 있습니다.

셰프도 마찬가지입니다. 요리를 진정 사랑하고 오래 지속하고 싶다면 지금 당신의 생활, 일과 속에서 즐거움이 있어야 합니다. 그 즐거움을 찾는 방식은 각자 다르겠지만 분명히 존재할 것입니다. 없다면 찾고 만들어야 합니다. 어쩌면 당신의 단순 노력이나 의지보다 그 즐거움 자체가 더 큰 힘을 발휘할 수도 있습니다.

최근 요리사라는 직업이 많이 알려지고 선호직군이 되고 있습니다. 하지만 환경이나 근무 조건 등을 보면 아직도 외국에 비해 좋은 조건은 아니라고 생각합니다. 요리사 지망생에게는 질 좋은 교육으로 기본을 탄탄히 다질 수 있는 환경, 현장에서는 요리사와 조리사를 즐겁게 열심히 할 수 있는 환경이 조성되어야 합니다. 더불어 힘들어도 포기하지 않도록 서로를 응원해 줄 수 있는 따듯한 마음도 필요합니다. 사회적으로 요리사와 조리사가 더 성장할 수 있는 프로젝트와 투자가 필요한 시기이며, 이 또한 모든 조리인이 함께 움직이고 노력해야 할 일입니다.

계획과 목표를 세워라

셰프가 되기 위해 조리를 배워 어떤 요리를 할 것인지, 호텔 또는 레스토랑 중 어느 쪽을 비중 있게 준비할 것인지 그리고 해외로 취업할 것인지, 아니면 국내에 있을 것인지 등을 정했다면 이제는 보다 구체적인 계획을 세워야 합니다. 예를 들어, 국내 유명 호텔의 일식당에서 일식을 배울 것인지 또는 프랑스의 유명 호텔에서 프랑스요리를 배울 것인지, 아니면 국내 최고의 한식 레스토랑에서 한식을 배울 것인지 등등 최소한 이 정도의 계획은 세워야 셰프의 길을 가고자 함에 있어 스스로 무엇이 필요한지 구체적으로 알 수 있게 됩니다.

선택을 두고 결단을 내리는 것이 쉽지 않습니다. 그러나 그 결단을 빨리 내리면 내릴수록 조금이라도 자신이 가야 할 길을 빨리 알 수 있고 또 준비할 수 있게 됩니다.

셰프라면 금연은 당연

담배가 기호식품이기는 하나, 몸에 해롭고 주위에 피해를 주며 비용 또한 많이 사용됩니다. 담배를 계속해서 피워야 할 이유는 없습니다. 특히 당신이 요리를 하는 사람이라면 더더욱 금연은 당연한 일입니다. 혀의 미각 신경세포인 '미뢰'의 숫자를 감소시키고 맛의 '민감성'을 저하시키기 때문에 담배와 가까이 지내서 좋을 점은 하나도 없습니다. 담배는 현존하는 합법화된 마약이라고 이야기들 합니다. 셰프에게는 치명적이니 가까이하지 말고, 이미 피우고 있다면 지금 바로 금연 계획을 세우세요. 셰프라면 당연한 것입니다.

셰프에게 칼은?

셰프에게 칼이란 전쟁터에 나가는 군인에게 총과 같은 존재입니다. 조리사에게 주방에서의 칼은 꼭 필요한 없어서는 안 되는 도구입니다. 하지만 초보 조리사들에게서 자주 나오는 좋은 칼에 대해 이야기하고자 합니다. 좋은 칼, 흔히 명품 칼이나 고가의 칼에 욕심이 있다는 것은 아마도 조리사에게는 당연한 욕심이기도 합니다만, 처음부터 장비에 대한 욕심이 과하다보면 정작 본인에게 필요한 칼을 선택하지 못하는 우려를 범할 수 있습니다. 흔히 좋은 장비, 고가의 명품 칼이 본인의 스타일과 사용 용도에 맞는지 다시 한 번 신중히 생각해 보기를 바랍니다. 또한 생선과 육류용, 채소와 과일용, 빵용 등 그 용도에 맞게 구분해서 사용하기를 추천합니다.

위생 관념이 투철한가?

셰프에게 각별한 주의가 필요한 덕목 중에 하나가 바로 위생 관념입니다. 셰프가 만든 요리는 대부분 판매를 목적으로 합니다. 그 음식이 사람의 몸을 치유할 수도 있고, 생명을 좌지우지 할 수 있음을 명심해야 합니다. 황색포도상구균, 비브리오에서부터 오는 식중독 사고는 주방이나 주변 환경을 철저히 관리하면 예방할 수 있습니다. 주방에서 순간의 방심과 관리 소홀로 식중독 사고가 발생할 수 있다는 점을 강조하고 또 강조해도 지나치지 않으며, 평소 위생 관념이 습관화되었을 때 식중독 사고의 위험을 줄일 수 있습니다. 또한 주방 위생도 중요하지만 셰프의 개인위생에도 관리가 필요합니다. 화장실을 출입할 때는 모자와 앞치마를 벗어놓고 사용해야 하며 용변을 보고 나서는 반드시 손을 씻어야 합니다. 또 향수나 과한 화장은 좋지 않으며 시계, 반지, 피어싱 등의 과도한 장신구도 착용하지 않는 것이 좋습니다.

염색 머리

우리나라 전통사회에서는 노랑 머리나 붉은 머리는 남·여 할 것 없이 아이를 못 낳을 무자상(無子相)으로 기피했습니다. 또한 두만강을 넘어 침범해 온 러시아 사람을 오랑캐(노랑캐)라 비하했던 것은 염색 머리에 대한 이러한 인식을 대변해주기도 합니다.

근래에 사람들 사이에 염색 머리가 유행하고 중·고등학교에서 학교 재량으로 허락되기도 하지만, 머리 염색이 서양 선망의 사대 풍조라는 측면에서 젊은이들에게 정체

성을 망각시키고 자기혐오, 자기기피를 조장시키는 비교육적 행위이며, 지·덕·체(智·德·體) 삼위일체의 교육이념 차원에서 덕(德)에 대한 미덕을 교란시키는 행위입니다. 이는 교육이란 하고 싶은 것을 절제시키지 않고서는 불가능하다는 큰 원칙에서 벗어나는 일입니다. 모두가 원한다고 풀어줘야 한다는 생각은 교육에서만은 적용될 수 없는 것입니다.

입장에 따라서는 꼰대짓이라 말하겠지만, 현실적으로 접근해 보면 우리나라 호텔 외식업계에서 학생들에게 특별히 부탁하는 사항 중 하나가, 염색한 머리와 규정에 벗어나는 용모를 갖춘 상태에서는 절대로 업무를 시작할 수 없다는 것입니다. 그러니 특히 이 점에 유의했으면 합니다. 세월이 흐르고 흘러 염색한 머리 스타일이나 자기가 원하는 형태의 차림들이 수용되는 사회가 될 때까지는 꼭 지켜야 할 사항입니다.

셰프에게 깨끗한 조리복과 위생모 착용이 호텔리어의 용모와 복장 기준으로 적용되며 호텔 기업이 원하는 규칙과 규정, 서비스 그리고 고객이 원하는 규범에 따라야 한다는 점을 명심해야 합니다. 또한 호텔의 조리업무는 조리사뿐만 아니라 고객과 직원, 직원과 직원 상호간의 이해와 팀워크에 따라 이루어진다는 사실을 알아야 합니다.

조리사와 요리사의 차이

'조리(調理)와 요리(料理)'의 차이를 정확하게 규명하기 위해서는 우선 사전적인 의미부터 되새겨 볼 필요가 있습니다.

- 調理英, Cooking : 調는 '갖추다, 마련하다, 준비하다'이고 理는 '다스리다, 바르게 되다, 좋아지다'로, 즉 조리(調理)의 의미는 '갖추거나 준비하여 다스려 좋아진다'라고 할 수 있습니다. 식품의 종류에 따라 조리조작(調理燥作)을 가하여 식물(食物)

이 되게 하는 것, 즉 그 과정이라고 말할 수 있습니다.

- 料理英, dish, cooking : 요리(料理)의 어의(語義)는 계량기 등으로 계측(計測)하는 것이 중심 개념으로 되어 있으며, 중국의 고서(古書)에는 약품(藥品)의 분량의 의미로 요리(料理)라는 말이 쓰였다고 합니다. 그러던 것이 현재는 식품의 조리조작(調理燥作)을 통해 먹을 수 있는 형태로 만든 식물(食物)을 의미하게 된 것입니다.

이상에서 요리(料理)와 조리(調理)의 뜻을 살펴본 바와 같이, 요리(料理)는 계측과 조작을 통하여 만들어진 식물(食物) 그 자체를 의미하고, 조리(調理)는 그 의미가 비슷하나 식품의 맛과 멋과 영양효과를 위한 구체적·전문적인 조작 과정에 그 의미를 더하고 있음을 알 수 있습니다. 결국 광범한 요리(料理)의 의미에 조리(調理)의 의미가 포함되어 있다고 할 수도 있지만, 과정에서의 방법론적인 깊은 뜻이 내포되어 있다고 볼 수 있는 것입니다.

그럼 이제 요리(料理)와 조리(調理)의 개념이 이해되었으니, 여기에 '사(師)'를 한 번 붙여서 요리사(料理師)와 조리사(調理師)의 개념을 살펴보도록 하겠습니다. 앞에 살펴본 요리(料理)와 조리(調理)의 의미에 덧붙여 '그것을 하는 사람'이라는 뜻으로써 요리사와 조리사의 뜻을 유추해 볼 수 있을 것입니다. 그래서 요리사(料理師)라고 하면 요리(料理)를 하는 사람, 즉 단순히 '식재료를 계량, 조작하여 음식을 만드는 사람'이라고 할 수 있으며, 조리사(調理師)라고 하면 조리(調理)를 하는 사람, 다시 말하면 '식재료를 성질에 따라 잘 손질하여 음식에서 맛과 영양, 그리고 아름다움을 창조(創造)해 내는 사람'이라고 표현할 수 있을 것입니다.

요리사(料理師)는 식재료를 계량하여 분량대로 섞어서 요리를 만드는 사람이라 할 수 있으며, 조리사는 음식에 있어 맛과 멋과 영양을 조화있게 만들어내는 사람이라고 할 수 있는 것입니다.

결론적으로, 요리사는 우리의 생활에 있어서 의(衣), 식(食), 주(住)의 문제 중에서

단지 식(食) 문제만을 해결해주는 해결사(?)라고 할 수 있고, 조리사(調理師)는 한층 더 높은 수준에서 맛과 영양의 균형은 물론이고 음식에 아름다움을 창조하여 인간의 미적인 욕구까지 충족시켜 줄 수 있는 과학자요 예술가라고 할 수 있는 것입니다. 끊임없이 노력하여 우리가 함께 도달해야 하는 목표는 요리사가 아니고, 다름 아닌 바로 이러한 조리사(調理師)인 것입니다.

정리정돈을 생활화하고 유지하자

주방 책임자들의 이야기를 들어보면, 주방 직원들에게 정리정돈(整理整頓)을 지시하면 시간이 없거나 바쁘다는 핑계로 청소와 정리정돈을 못한다고 말합니다. 하지만 능력 있는 셰프라면 바쁜 시간을 쪼개서 정리하고 잠깐의 시간 동안이라도 정리정돈과 청소를 합니다. 아무리 조리 스킬이나 테크닉이 좋아도 주변의 정리가 안 된다면 진정한 셰프가 아닐 것입니다.

정리란 선별하는 방법과 사용하기 좋음이며, 정돈은 물건을 두는 장소의 통일과 두는 방법의 적합성이라고 할 수 있습니다. 정리정돈을 실시하면 다음과 같은 효과가 있습니다. 먼저 좁은 장소나 창고가 넓어지는 효과가 있으며, 주방 작업의 능률을 향상시킬 수 있으며, 재고 수량을 파악하여 원가를 낮추는 효과도 가질 수 있습니다. 또한 선입선출(先入先出)로 식재료에 대한 낭비도 줄일 수 있습니다.

제철 식재료를 사용하자

인터넷 검색을 통해 식재료에 대한 관련 사진과 내용, 설명 등의 정보를 쉽게 얻을 수는 있으나, 그 식재료가 어떤 환경에서 어떻게 자라는지 직접 그곳에 찾아가서 보고 느끼는 경험을 해봐야 합니다. 셀 수 없이 많은 식재료가 존재하고 그 식재료는 각각의 방식대로 서로 다른 환경에서 나고 자랍니다. 그렇기 때문에 왜 이 식재료가 좋다고 하는지, 실제로 뭐가 어떻게 좋은지, 이 식재료가 좋다는 이유가 무엇인지, 또한 이것이 다른 것에 비해 어떻게 좋은지를 직접 찾아다니며 현장에서 보고 경험하며 재배하는 분들로부터 배우고 익히는 것이 직접 체험이고 오래 기억에 남을 수 있습니다. 적어도 셰프라면 본인이 중요하게 여기는 몇몇 식재료들은 직접 생산지에 가서 확인하고 사용하는 것이 그 식재료를 이해하는데 분명 큰 도움이 될 것입니다.

인터넷 검색으로도 많은 정보들을 얻을 수 있지만, 인터넷으로는 향을 맡아볼 수도, 맛을 볼 수도, 환경을 느낄 수도 없기 때문에 직접 찾아가서 그 공간을 느껴야만 배울 수 있는 부분이 있습니다. 시간이 날 때마다 전국의 지역별·계절별 각기 다른 식재료들을 찾아 식재료 탐방을 하는 것이 진정한 셰프로 향해 갈 수 있는 한 방법이 아닐까 생각해 봅니다.

칼질과 프라이팬 연습을 하자

셰프에게 칼과 프라이팬은 단순히 식재료를 자르고 다루는 단순한 도구 그 이상으로 중요하고 큰 의미를 가집니다. 값비싸고 좋은 명품 칼과 프라이팬 등이 좋다는 생각으로, 구비하는 것에만 신경을 쓰고 정작 관리는 제대로 하지 못하는 경우가 있습니다. 그런데 주방에서 사용하는 도구들은 대부분 관리가 부실하면 흠집이 나거나 비위생적이 되므로 도구를 아끼는 마음으로 잘 관리할 수 있어야 하며, 그것이 기본이고 음식을 사랑하며 조리를 시작하는 첫마음일 것입니다.

또한 칼질과 프라이팬 다루는 기술은 꾸준한 연습이 필요합니다. 한식 썰기에는 통 썰기, 반달 썰기, 은행잎 썰기, 어슷 썰기, 골패 썰기, 나박 썰기, 채 썰기, 막대 썰기 등이 있으며, 양식 썰기에는 쥘리엔느, 다이스, 페이잔느, 쉬포나드, 마세두앙 그리고 식재료 써는 방법으로 밀어 썰기, 당겨 썰기, 내려 썰기 등등 익혀야 할 내용과 방법들이 많이 있으며, 중식과 일식 칼 썰기도 있습니다. 프라이팬 연습은 팬에 쌀을 한 줌 올려놓고 뒤집는 연습을 계속적으로 해보기를 권합니다. 공용 주방 도구가 아닌 자신만의 칼을 소유하여 그 칼을 아끼고 연마해 보세요. 자신의 요리에 임하는 마음가짐이 달라질 것입니다.

음식을 만들 때 모든 재료를 한꺼번에 넣지 않는다

과유불급(過猶不及)이란 “지나친 것은 미치지 못한 것과 같다.”라는 뜻으로, 어느 한쪽으로 치우치지 않는 상태가 중요하다는 것을 말할 때 사용되는 말입니다. 즉 지나침은 부족함과 마찬가지이며, 지나치지도 않고 부족하지도 않은 적절한 상태를 가리켜 중용(中庸)이라고 합니다. 공자는 중용을 매우 소중한 가치로 여겼으며『사서삼경(四書三經)』에 포함되기도 했습니다. 음식도 마찬가지입니다. 조리 중 음식이 싱거울 경우 소금이나 간장을 이용하여 간을 맞추되, 한꺼번에 넣지 말고 하나씩 여러 번 나누어 사용함으로써 맛의 어우러짐을 생각해야 합니다.

모든 요리의 시작은 기초에서 시작한다

기초적인 칼질이나 프라이팬을 자유롭게 다루지도 못하면서 풀코스 메뉴 구성이나 화려한 테크닉, 최상급의 요리들을 하루라도 빨리 다뤄보고 싶어하는 마음은 모든 사람들의 보편적인 생각입니다. 하지만 그것은 바닷가에 모래성을 쌓는 것과 마찬가지이며 욕심입니다. 먼저 기초적인 올바른 칼질과 기본적인 자세, 조리 도구의 사용방법, 기본 식재료의 이해와 더불어 기본적인 조리 스킬을 배우고 반복해서 능숙해지면, 다음 단계의 조리법으로 한 단계씩 상향해서 도전하는 것이 올바른 순서이며 기본입니다. 기본에 충실하면서 시간을 가지고 반복적으로 순서에 맞게 내공을 쌓아야만 어렵게 쌓아올린 공든 탑이 하루아침에 무너지지 않을 것입니다.

좋은 품질의 소금을 사용하자

수십 년 경력의 셰프들도 본인이 구상한 메뉴가 항상 맛으로 그대로 정확하게 표현되지는 않습니다. 시간이 흐를수록 만들면서 시행착오를 겪어가며 여러 번의 수정을 거쳐 요리를 완성합니다. 맛을 표현하는데 있어 가장 기본인 소금과 후추는 음식의 맛을 좌우하는 기본 중에 기본으로 아주 중요하게 생각해야 합니다.

천일염은 일조량과 온도, 바람이 가장 좋은 5~6월이 연중 최고의 체염 시기이고, 간수 염도가 30도 이상이 되면 소금의 맛이 좋지 않아 보통은 염도 25~27도에서 생산한 소금이 좋습니다. 천일염은 이제 국가에서 광물이 아닌 식품으로 분류하기에, 이에 맞게 현대식 시설과 위생수준으로 바뀌어야 한다는 규율을 만들고 잘 따르는 염전에서만 명품 소금 천일염을 얻을 수 있으며, 비위생적인 환경에서 생산되는 소금은 식품이 아닌 단순 광물로 표현되어야 맞습니다.

천일염은 생산 후 쓴맛이 나는 염화마그네슘 간수가 빠져 염도가 정제염에 가깝게 높아질수록 좋은 소금이 됩니다.

먹방 쿡방

'먹방 쿡방'이 대세이며 요즘 말 그대로 '붐'이라고 할 수 있을 정도로 TV프로그램 어디를 보더라도 먹거리와 관련된 방송이 나오고, 요리하는 장면 또 맛집 식당을 소개하는 장면 등을 자주 보게 됩니다. 또한 드라마에도 음식을 만드는 장면이 주를 이루는 경우도 있습니다. 그러면서 많은 학생들이 TV를 보며 겉으로 보여지는 모습만을 보면서 장밋빛 희망만으로 요리를 시작하려고 합니다. TV를 보며 멋져 보이는 셰프가 되고자 단순히 요리를 시작하는 학생들이 많은 것 또한 현실입니다. 그런데 매체에서 보여지는 부분은 셰프의 모습 중 어느 만큼의 비중일까 눈여겨 보면서도 여러 가지 생각을 하게 됩니다.

어려서부터 요리가 좋아 시작했건, TV를 보다 단순히 재미있을 것이라는 생각으로 요리를 하게 되었든 중요한 것은 셰프가 되고자 하는 마음을 먹었다면 위에서도 언급했지만 가장 기본이 되는 것들을 배우고 익히는 것이 중요합니다. 더불어 활용할 줄 알아야 다른 것들과 접목시킬 수 있는 능력이 생기는 것입니다. 또한 우물 안 개구리가 아닌 폭넓은 셰프가 되려면 다양한 분야에 관심을 기울이고 배움을 게을리해서는 안 됩니다.

열심히만 한다고 모두 셰프가 되는 것은 아니다

학교를 졸업하고 사회에 나가면 여러분은 더 이상 학생이 아닌 직장인이 됩니다. 직장인은 돈과 직책을 받고 그에 대한 책임감을 가지고 일을 하게 됩니다. 열심히 한다고 모든 것이 해결되는 것이 아니라 잘해야 된다는 말입니다. 열심히 하는데 인정받지 못하는 것은, 노력은 했으나 방법이 잘못되었거나 자신의 단점을 스스로 깨닫지 못한 경우라 생각합니다. 무작정 열심히만 하는 것이 아닌 자신의 문제점과 보완해야 할 점 등을 먼저 파악하고 극복해 나가며 모든 일을 잘하는 것이 매우 중요합니다.

셰프의 길은 생각하는 것보다 훨씬 더 힘들어 중도에 포기하는 사람도 많이 있습니다. 그래도 하고 싶다면, 거듭 말하지만 다시 한 번 생각해 보고 기본 중에 기본인 것들을 완벽히 익히고 숙지하여 활용하며 잘할 수 있도록 최선의 노력을 다하는 사람에게만 셰프의 길이 열릴 것입니다.

9시 1분은 9시가 아니다

학교생활에서의 지각생이 사회생활에서도 지각으로 이어지고 있는 경향이 있습니다. 학교생활을 할 때부터 지각을 하지 않도록 바로잡아야 합니다. 지각을 여러 번 계속하게 되면 그만큼 성공할 확률도 낮아진다고 합니다. 더불어 시간을 지키기 어려운 사람은 성공하기가 더욱 어렵다는 말입니다. 아침시간의 관리가 하루를 좌우하고 그 하루하루가 쌓이게 되면 인생의 관리가 되는 것입니다. 출근 시간을 잘못 지키는 사람은 다른 시간이나 약속 또한 못지키게 됩니다. 약속을 안지키면 신뢰도 멀어지게 되고, 그 사람은 시간관념이 부족한 사람으로 인식되며 성공이라는 것과도 멀어지는 것입니다.

미슐랭 가이드

〈미슐랭 가이드Michelin Guide〉는 프랑스 타이어회사 미쉐린사에서 출판하는 세계 최고 권위를 인정받는 레스토랑 평가 잡지입니다. 프랑스어 발음인 '기드 미슐랭'으로도 알려져 있고 '레드 가이드Red Guide'라고도 부릅니다.

파리 만국박람회가 열린 1900년, 파리에 유럽 관광객이 대거 몰릴 것을 예상하고 창간호를 냈습니다. 이 〈미슐랭 가이드〉는 1900년도에 Red Guide로 출판하였으며 세계 최초로 공기주입식 타이어를 발명한 앙드레 미슐랭이 자동차 운전자를 늘리기 위해 펴낸 책입니다. 처음엔 주로 타이어 교체 요령 등 자동차 관리법과 주유소·정비소 위치 안내 등이 실렸으며, 1926년부터 운전자를 위한 맛집 소개 차원에서 음식점 등급을 별STAR로 평가하는 방법을 도입하게 되었습니다.

이 책을 발간한 앙드레 미슐랭은 "이 책은 20세기의 시작과 함께 태어났으며 20세기가 지속되는 한 남아있을 것입니다."라는 예언적 발언을 했으며 35,000부가 출간되었습니다. 100여 년 동안 엄격성과 정보의 신뢰도 등을 바탕으로 명성을 쌓아 오늘날 미식가들의 성서와 같은 위치를 차지하게 되었습니다.

- ★(별 하나) : 요리가 특별히 훌륭한 집
- ★★(별 두 개) : 요리를 맛보기 위해 멀리 찾아 갈만한 집
- ★★★(별 세 개) : 요리를 맛보기 위해 여행을 떠나도 아깝지 않은 집

스타셰프가 되고 싶은가?

최근 '먹방 쿡방' 열풍과 함께 셰프들이 여러 분야에서 방송 출연을 하는 모습들이 많이 보여지면서 "스타셰프가 되려면 어떻게 해야 하나요?" 이런 질문을 하는 학생 또는 주변인들이 있습니다.

스타셰프는 '스타+셰프'의 합성어로, 국내에서는 요리를 통해서 방송에 출연하고 많은 활동을 하면서 유명세를 얻은 분들을 예로 들 수 있는데, 이분들이 '스타'의 자리

를 유지할 수 있는 방법은 바로 '셰프'라는 부분에 있어서 대중 앞에서 부족함이 없기 때문일 것입니다. 그분들이 실력이 없다면 오래가지 못했을 것이고 일정시간 후 방송에서 자연스럽게 사라졌을 것입니다. 다시 말해, 실력이 없으면 절대 그 자리를 유지할 수 없다는 말입니다. 물론 다른 부수적인 부분들도 필요하겠지만, 가장 중요한 것은 실력입니다. 그러므로 스타셰프가 되려면 스타 이전에 먼저 셰프가 되어야 하고, 그것도 '실력 있는 셰프'가 되어야 한다는 것을 명심해야 합니다. 만약 당신이 진짜 스타셰프가 되고 싶다면, 지금은 스타라는 단어를 머릿속에서 지우고 실력 있는 셰프가 되기 위해 더욱더 노력해야 합니다. 그것도 진짜 실력 있는 셰프 말입니다.

글로벌 셰프가 되도록 하자

조리 관련 대학이나 학교에서 배우고 취업 시기가 다가오면 여러 생각들을 하게 됩니다. 국내에서 계속 요리를 할까? 아니면 해외를 나가볼까? 이 또한 신중하게 판단해야 합니다.

보통 해외로 진출하기 위해서는 기본적으로 영어를 1년 이상 준비하고, 현지에 나가 어학연수나 취업자리를 알아보고, 혹은 짧은 기간의 쿠킹 코스를 밟거나 하는 현지 적응시간을 가집니다. 그런 후 본인이 원하는 수준의 키친에 취업하기까지 최소 3년의 시간이 걸립니다. 하지만 이 또한 비자VISA라는 벽에 부딪쳐 국내로 다시 귀국하는 경우가 허다합니다. 만약 3~4년의 시간을 공들여 해외진출을 준비했지만 결국 다시 불가피하게 귀국하게 된다면, 그 시간 동안 국내에서 꾸준히 요리 경력을 쌓은 경쟁자에 비해서 실력이나 시간활용 면에 있어서 불리해질 확률이 높습니다. 짧게 해외에서 수박 겉핥기식으로 경험해 보고 들어오는 것보다는, 국내에서 묵묵히 경력을 쌓아온 사람이 더 나을 수 있기 때문입니다.

결론은 해외취업을 하고자 한다면 정말 목숨 걸고 준비해서 제대로 취업하여 다시 국내로 돌아오지 않고 오래오래 그곳에서 최고의 자리에 오르겠다는 목표를 가지고 실행하는 것이 중요합니다. 어정쩡하게 준비하다가는 단순한 장기간 아르바이트이거나 해외여행(체류) 수준밖에 안될 수도 있습니다.

미장플러스를 실천하자

미장플러스Mise en Place란 조리에 필요한 재료 및 도구를 사전에 준비하는 것으로, 우리말로는 '적재적소 배치'라고 할 수 있습니다. 구체적으로 하루의 작업을 위하여 필요한 기본적인 식재료를 준비하고 조리도구들을 쓰기 편한 위치에 놓는 것으로, 실제로 조리가 시작되기 전에 모든 준비활동을 완결하는 것입니다.

요리를 만들 수 있는 준비작업이 완벽히 이루어지면 이미 요리의 절반은 완료되었다고 볼 수 있으며, 그만큼 준비를 하는 것은 주방 업무를 효율적·능률적으로 수행할 수 있는 최소 기본요건인 것입니다.

이 기초작업은 작업이 큰 규모의 주방이나 작은 주방에도 해당되는 것으로, 조리사 개개인의 능력이 한눈에 평가될 수 있는 방법이기도 합니다. 특히 주방직원 중에서 여러 부문의 조리사들의 작업을 주시하면 정확한 조리작업 준비와 업무를 조직적으로 쉽게 소화해내는 능력을 가진 조리사들이 보일 것이며, 바로 미장플러스를 잘 준비한 조리사라고 말할 수 있습니다.

셰프들은 작업을 하기 전에 필요한 도구 및 기자재의 준비를 완벽히 하는 사람으로, 업무의 효율성과 개인의 능력을 최대한 발휘하고 완벽한 요리 생산을 위해 미장플러스가 절대적으로 필요합니다. 따라서 모든 조리사들은 자기가 맡은 업무에 대한 미장플러스의 필요성을 충분히 인식하고 철저히 준비하는 습관을 가져야 할 것입니다.

적절한 조리도구와 장비를 사용하자

최신의 현대화된 주방 공간 속에 체계적이고 과학적인 시설을 갖추는 것은 조리 상품의 질적 수준을 향상시키는 가장 기본적인 방법입니다. 특히 셰프들은 조리작업 과정에서 각자가 섬세한 기능과 기술을 완벽하게 접목해야만 품질이 좋은 상품을 창출할 수 있습니다.

조리작업을 하는데 필요한 훌륭한 도구를 갖춘다는 것은 결과적으로 훌륭한 조리상품을 만든다는 것으로 해석이 가능하며, 경쟁사회에서 생존할 수 있는 방법이기도 합니다. 또한 주방에서 사용하는 모든 조리 기물과 기기는 사용 전 충분한 방법과 용도를 숙지한 다음 상급자의 지시에 따라 정확하게 사용해야 하며, 사용용도 이외의 다른 목적으로 사용하지 않아야 사고를 예방할 수 있습니다.

시대의 흐름과 요리의 트렌드를 익히자

유행도 사람들의 열광에 따라 바뀌듯이 요리에도 흐름이 있고 트렌드도 변하고 있습니다. 시대의 흐름에 역행할 수는 없지만 트렌드에 계속 끌려가기만 할 필요 또한 없습니다. 물론 그 시대의 유행이나 트렌드를 무시할 수는 없지만 셰프라면 유행에 따라 끌려다니기보다는 본인 중심의 확고한 철학과 신념을 중심으로 요리를 한다면 진정한 셰프가 될 것입니다.

또한 요리에는 정답이 없습니다. 어떤 시각으로 바라보느냐에 따라 기준이 달라지고 트렌드에 민감하다가도 둔화되기도 합니다. 셰프만의 강한 자신감과 신념, 확신을 가지고 집중한다면 분명 시대에 앞장서게 될 것입니다.

호텔? 레스토랑? 단체급식? 프랜차이즈?

셰프들이 근무할 수 있는 무대는 정말 넓습니다. 대부분 크게는 호텔과 레스토랑으로 구분되어집니다. 특징을 본다면, 호텔은 대기업이 대부분이라 취업 시 직업에 대한 안정성이 보장되며 좋은 근무조건 및 환경, 교육, 복지가 레스토랑에 비해 좋으며 장기간 근무하는 경우가 많습니다. 반면, 레스토랑은 개성이 강한 다양한 셰프들의 요리를 찾아가서 배울 수 있고 짧은 기간에 다양하게 경험할 수 있으며 보통 몇 년이나 몇 개월 주기로 이직을 하는 경우가 많습니다.

기업체가 운영하는 호텔과 소규모 업장인 레스토랑은 인사채용에 있어서 분명 보는 관점이 확연히 다를 수 있습니다. 그러니 이런 부분들도 가능하다면 미리 마음속으로 결정하고 계획을 세워야 조금이라도 더 효율적으로 스펙을 쌓고 취업에 유리한 입장에 설 수 있습니다.

그리고 단체급식과 프랜차이즈도 대기업이나 규모가 큰 기업체에서 운영하고 있어 소규모 레스토랑보다는 안정성에서 좋은 점을 가지고 있는 장점이 있습니다. 각각의 장·단점이나 자신과 맞는 곳을 찾고 싶다면, 먼저 취업한 선배들의 조언을 들어보거나 실습이나 산학실습을 이용하여 관심 분야에서 아르바이트를 해보는 등 취업 전에 직접 또는 간접 경험을 많이 해보는 기회를 가져야 합니다.

한국 사람이라면 한식은 기본으로 연마한다

고추장의 영어식 표기를 묻는 질문에, 인터넷에서 사람들이 이렇게 대답했습니다.

- Hot pepper paste

- Capsicum paste
- Chili pepper paste
- Thick soy paste mixed with red peppers
- Korean traditional red hot pepper paste
- Fermented soybean pasted with red pepper powder

하지만 고추장의 영어식 표기는 'Gochujang'입니다.

한식은 어렵지도 힘들지도 않지만 너무 우리 가까이에 있어 그 소중함을 인지하지 못하는 경우가 많습니다. 두부의 영어 표기는 Tofu로 일본식 발음입니다. 전 세계 어디에서도 한글 두부는 통용되는 언어가 아닙니다.

반면, 2013년 12월 5일 유네스코 세계문화유산에 김장 문화가 등록되면서 김치는 '기무치'가 아닌 '김치'로 등록되어 이제 세계 어디에서도 김치로 통용이 되고 있습니다. 한국인 셰프라면 한식을 기본으로 연마하여 세계에 한식을 또는 한식을 접목한 요리들을 알려 한국의 것을 지키며, 더불어 조리사들의 위상을 높여야 하는 이유입니다.

주방의 셰프는 오케스트라와 같은 팀플레이다

셰프는 주방을 총괄하는 총책임자로, 클래식 음악을 연주하는 오케스트라로 비유한다면 지휘자 위치의 사람입니다. 클래식 연주에서 그 악기의 특징이나 음악에 대해 모든 것을 알아야 지휘를 하듯이, 셰프도 주방의 모든 것을 알아야 합니다. 메뉴에서부터 원가관리, 시설, 위생, 식자재, 저장, 재고, 매출, 인사까지 모든 내용이 셰프를 중심으로 팀플레이로 이루어져야 합니다. 하나의 자전거 바퀴가 움직이려면 지지대 역할을 하는 바큇살Spoke이 모두 움직여 주어야 비로소 바퀴가 굴러가는 것입니다. 천재적인 미각을 소유했거나 어려서부터 요리에 천부적인 소질이 있었더라도 개인 부엌이 아닌 전문 주방에 처음 입문하게 되면, 적어도 막내 생활을 몇 년 정도 할 각오를 해야 합니다. 그 생활에서부터 조리사의 힘든 여정을 견디고 나서 모든 과정을 배우고 숙지해야 비로써 셰프가 되더라도 매일매일 치열한 주방 전쟁터에서 수많은 조리사들의 팀플레이 선봉에 서서 지휘를 할 수 있는 셰프의 단계에 오를 수 있다고 이야기할 수 있습니다.

주방에선 남·여 구분이 없다

호텔이나 레스토랑 단체급식 등의 현장에서 직업으로 요리를 하는 셰프들이 통계적으로는 남자가 더 많이 있는 것이 사실입니다. 직업적으로 남자가 오래 근무하는 경우의 수가 통계적으로 많아서 흔히 하는 이야기이며, 실제로는 현장에서 여자 셰프들이 더 섬세하고 다양한 부분을 배려하면서 근무하며 인정받는 분들을 많이 보았습니다. 하지만 여자 요리사를 부정적으로 바라보는 극소수의 시선 또한 있으나 여자 전체로 해석해서는 곤란합니다. 여자 셰프들 중에서 실력이나 끈기로 노력하는 사람이 주위에 많이 있다는 것을 알아야 합니다. 만약 여자 셰프에 대한 안 좋았던 경험이나 이미지 때문에 선입견을 가지고 있다면, 본인이 주방에서 살아남고 인정받을 수 있는 현실적인 방법이나 대안을 찾아보고 해결하기를 바랍니다.

오트 퀴진

오트 퀴진Haute Ccuisine이란, 프랑스어로 '고급요리(식당)'라는 뜻입니다. 어느 한 사람만을 위한 오트 퀴진을 만들어야 한다고 한다면, 기존 메뉴에 없는 것을 내놓으려고 고심하며 세련되고 정교하면서도 현대적인 느낌과 함께 그것을 보다 전통적인 방식으로 풀어내고자 해야 합니다. 앞서가는 스타일과 가장 높은 품질로 음식이 도달할 수 있는 최고의 경지를 오트 퀴진이라고 하는 것입니다.

한국에서 셰프들이 한식 오트 퀴진을 어떻게 만들지 고민을 해야 한다면, 전통 한식은 매우 복잡하고 한 상에 수십 가지 반찬을 놓아야 하기 때문에, 한 번에 한 접시씩 코스별로 보여주는 서양 오트 퀴진에 비해 너무 어렵다고 이야기합니다.

그러나 한식의 세계화를 위해서는 반드시 한식이 오트 퀴진이라는 명성을 얻어야 합니다. 이탈리아와 일본, 인도, 태국 음식은 이미 이런 변화의 과정을 거쳐 세계인들의 입맛을 사로잡고 있습니다. 한국 음식 또한 오트 퀴진이라는 방식과 변화를 받아들여야 할 시점이라고 생각합니다.

한식에 대한 한국사람들의 애정과 관심이 우선입니다만, 시내에 나가보면 사람들은 대부분 이탈리아와 프랑스 레스토랑, 퓨전레스토랑에서 외식을 즐기고 있는 것을 볼 수 있습니다. 젊은 세대, 트렌드 세대들이 원하는 스타일리시한 한식당이 없기 때문이었는데, 근래에 한식 전문 레스토랑과 미슐랭 별을 받은 한식전문 레스토랑이 주목을 받고 있어 매우 높게 평가하고 싶습니다.

"이미 세계적으로 인정을 받고있는 수많은 한국 셰프들이 다른 나라 음식이 아니라 한식을 위한 도전을 시작해야 할 때다."라고 강조하고 있습니다. 세계인들이 한국음식을 지칭하는 새로우면서도 친근한 용어를 만들 것을 제안하기도 했습니다. 예를 들어, 서양 오트 퀴진을 설명하는 가장 중요한 키워드로 '세련된Sophisticated'과 '현대의Contemporary'라는 단어를 반복해서 꼽았습니다. 단순해 보이되 세련된 현대 음식이며 바로 한식이 도전해야 할 오트 퀴진의 세계인 셈입니다.

분자요리와 수비드

분자요리는 넓게 생각하면 'Food'와 'Feeling'을 결합한 신조어로, 오감을 즐기며 기존의 보여지는 것을 초월하여 새로운 감동을 주는 새로운 식문화 트랜드로 부상하고 있습니다.

수비드Sous Vide는 최근 인기를 누리며 전 세계적으로 널리 알려진 요리법으로, 프랑스어로 '진공포장Under Vacuum'이라는 말이 모던 콘셉트를 가리키는 말로 변하여 음식에 적용되었습니다. 이 방식은 공기에 영향을 받지 않는 포장 안에 음식을 넣어 진공 포장한 후 낮은 온도에서 비교적 긴 시간동안 조리하는 것을 말하는데, 요즈음 물을 순환시키면서 데워주는 열탕기나 진공포장기 등으로 최첨단 요리기술인 것처럼 인식되고 있지만, 이미 프랑스에서는 90년대 중반부터 조리기구 등을 활용하여 널리 사용된 방법이기도 합니다.

- 조리와 과학의 결합으로 오감을 이용한 새로운 시도로 육감을 만족시키는 음식이라고 말합니다.
- 식품의 맛과 향은 그대로 유지하면서 형태를 변형시켜 새로운 질감을 개발한 것으로 사람들의 기대감을 허물고 깨트리는 새로운 트랜드의 음식이라고 합니다.
- 액체질소를 사용하여 냉동시키면 액체가 가루로 변한다거나, 식재료에 콩단백질인 레시틴을 넣어 거품을 내고 퓨레나 소스류에 알긴산Alginate을 넣어 둥근 모양으로 굳혀 형태를 변형시키는 것을 말합니다. 조리시에는 분자 단위까지 잰다고 할 정도로 세밀하고 정확하게 만들기 때문에 정확성과 섬세함이 요구되기도 합니다.

한식의 세계화

한식의 세계화를 외치는 현재, 한국의 요리사라면 외국에서 수입한 식재료보다 우리나라에서 나오는 식재료를 더욱 중요하게 여기고, 어떻게 하면 발전시켜 접목시킬 수 있는지에 대해 더 많이 생각하고 공부해야 합니다. 특히 FTA로 인해 다양한 외국 식재료가 들어오는 시기라면 더욱더 절실합니다.

한식당이 아닌 호텔이나 레스토랑에서 일한다고 해도 우리나라에서 나오는 제철 식재료를 이용해서 새로운 메뉴와 보다 맛있고 다양한 음식을 만들려고 하는 시도가 필요합니다.

우리 민족은 전 세계적으로는 물론 가까운 중국, 일본과 비교해도 많은 종류의 산나물을 다양한 조리법으로 먹는 민족입니다. 봄이 되면 산에 올라 산나물을 뜯어 쌈이나 무침으로 식탁을 향긋하게 하고, 가을과 겨울철이 되면 저장해 둔 말린 나물들과 장아찌로 부족한 영양분을 채워 식탁을 건강하게 했습니다. 이처럼 산나물은 배고픈 우리 민족을 일 년 내내 달래주던 소중한 식용자원이었습니다.

사람들이 산나물을 여전히 찾는 이유는 무엇일까? 배고픈 시절의 추억 때문일까? 산나물은 그야말로 산의 기운을 흠뻑 머금고 자란 야생식물입니다. 최근 건강에 대한 관심이 증폭되면서 산나물을 단순히 배고픈 시절의 추억으로서가 아니라 건강한 식생활을 영위하기 위한 수단으로 바라보고 있습니다. 봄이 되면 들과 산으로 나물을 캐러다니는 사람을 많이 볼 수 있는 점, 또 요즘 사찰음식과 시절음식이 많은 사랑을 받고 있는 점 등을 보면 조금은 이해가 될 것입니다.

시대가 변하고 사람들이 변해도 산나물은 여전히 우리 곁에 자리 잡고 있습니다. 이처럼 오랜 역사를 가지고 있는 산나물로 한식의 세계화에 한 발 더 다가가면 어떨까? 하는 생각도 해봅니다.

THE BASIC CUISINE

CHAPTER 1

기초 조리

01 조리의 개요

인류가 음식을 조리하여 먹기 시작한 것은 아마도 불을 발견한 이후라 생각되며, 기술문명의 발달과 더불어 조리 방법과 형태에도 많은 변화가 있었다. 어떠한 형태로든 우리 인류는 현재까지 음식을 조리하여 먹고 있으며, 앞으로도 그러할 것이다.

여기서 '조리'라 함은 일정한 기술을 가진 사람이 식품에 열과 기타 필요한 향신료를 첨가하여 조리 기구를 이용하여 굽거나 끓이거나 볶는 행위를 말하며, 그 목적은 식품이 조리함으로써 식품 자체의 성분 및 형태의 변화를 일으켜 우리의 미각적·시각적 효과를 최대로 이끄는데 있고, 뿐만 아니라 소화·흡수를 돕고 위생적으로도 안전하게 해준다는 데에 있다.

현대사회는 옛날에 비하면 매우 복잡하고 다양해졌다. 그 결과 우리 식생활의 패턴에 많은 변화가 일어나고 있다. 영양학적 측면에서 볼 때 경제성장에 따른 생활수준의 향상으로 고혈압, 비만 등 고열량 섭취에 따른 각종 성인병이 증가하고 있고, 또한 바쁜 생활 환경의 영향으로 패스트푸드의 이용이 빈번해졌다. 이런 점을 고려할 때 영양소의 절대 섭취보다는 건강식에 대한 배려가 중요시되고 간편식이 갖는 영양상의 불균형, 각종 첨가물에 대한 허용기준 등 과거에 비교하여 이러한 문제에 대한 관심이 높아지고 있다,

요리의 시각적 표현에 있어서는 복잡함을 피할 수 있는 단순하면서도 자연스러운 표현기법이 요구되고 있다. 미각적으로는 가급적 인공적인 맛을 가미하지 않은 순수미가 요구되고, 이를 위해서는 좀 더 섬세하고 과학적인 조리기술과 신선한 재료의 사용이 필요하다. 그러므로 조리란 시대의 흐름에 따라서 방법 및 형태가 변화하며, 이 변화의 초점은 미각적, 영양학적, 시각적 만족에 있다.

1) 한국요리의 개요

우리의 전통음식으로는 향토음식, 혼례음식, 시절음식, 시식 등이 있으며, 주식(主食)으로는 쌀을 이용한 밥과 여러 가지 반찬을 함께 먹었다. 반찬으로는 동물성 식품과 식물성 식품을 잘 혼합·조화하여 맛과 영양의 균형을 이루었다. 관념적으로 육류(肉類)를 고급 반찬으로 여겼으며, 채소를 이용한 나물과 같은 것은 소찬으로 인식하여 귀한 손님이 오게 되는 경우 소고기 등 육류를 이용한 찬으로 준비하였다.

오늘날 우리 전통음식의 전승은 가정에서 할머니, 어머니에서 며느리로 가전(家傳)되는 독특한 형태를 가지고 계승되었으나, 개화 이후 서양문화의 유입으로 많은 여성들이 신교육을 받게 된 결과 우리의 아름다운 식문화가 아무런 여과도 되지 않은 이들 서구 식문화에 오염되어 국적 없는 식문화가 오늘날 우리의 식탁을 장식하고 있다.

그러므로 우리는 고유한 식문화를 보존·계승 발전시키기 위한 노력이 필요하며, 나아가 우리의 것을 세계에 알려야 한다. 근래 들어 외국에서 한국요리가 연구 대상이 되고 있으며, 이들 연구자들로부터 훌륭한 조리점을 갖고 있다는 말을 듣기도 한다.

2) 서양요리의 개요

서양요리는 아시아를 제외한 아메리카와 유럽의 여러 나라에서 발달한 요리들의 총칭이다. 동양과 서양의 구분을 기초로 프랑스를 비롯하여 이탈리아, 스페인 등 라틴 계열의 요리와 영국, 미국, 북유럽의 앵글로 색슨계 요리 등 수많은 서양의 요리를 편의적으로 표현한 것이다. 서양요리란 전통적으로 프랑스를 중심으로 한 유럽의 요리들을 일컬을 수 있다. 프랑스 요리의 원천은 이탈리아라고는 하나, 역사적으로 정치·문화의 중심지였던 프랑스의 이론적 기초를 바탕으로 맛과 예술적 조화를 고려하여 요리를 만들었고, 이 조리법이 서양요리의 기반이 되었다.

또 서양요리라 하면 미국식 요리를 연상하는 경우가 많은데, 이는 제2차 세계대전 이후 급부상한 미국에 의하여 전 세계에 빠른 속도로 전파되었기 때문이다. 우리나라에서의 서양요리는 개화의 바람과 함께 도입된 것으로 추측되며, 해방 후 미군들로 인해 본격적으로 들어와 상용화되면서 유럽과 미국의 요리가 혼성된 것 또는 일부 가미된 것, 그리고 한국식으로 변화된 것 등을 통틀어 말한다. 서양요리는 식사 양식이 끼니마다 다르고 차리는 음식과 조리 방법 등을 달리한다. 재료의 분량과 배합, 조리법이 체계적이고 과학적이어서 조리과정에서 재료나 영양분의 손실이 적고, 건열조리가 발달하여 오븐을 주로 사용하므로 식품의 맛과 향미를 잘 살릴 수 있다.

02 조리복

조리위생복은 주방의 잠재적 위험요소들로부터 신체를 보호하기 위해, 또 위생적으로 조리업무를 수행하기 위해 착용한다. 따라서 매일 깨끗한 위생복을 착용해야 하며 오염이 되었을 때는 즉시 갈아입어야 한다.

1) 조리위생복 착용 모습

(1) 조리위생복의 착용 모습

① 위생모는 머리카락이나 땀이 조리중인 음식에 떨어지는 것을 방지한다. 청결하고 구겨지지 않도록 관리하며, 조리 시 머리카락이 90% 이상 가려지도록 쓴다.

② 스카프는 머리카락과 땀이 떨어질 때 걸려서 음식에 들어가는 것을 방지하는 역할을 하며, 다쳤을 때 응급처치용으로 사용하기도 한다. 짧고 단정하게 매야 하

며 필요 시 탈착이 용이해야 하며, 최근에는 스카프의 색상으로 직급을 나타내기도 하며 간소화하기 위해 생략하기도 한다.

③ 상의 앞부분이 두 겹으로 겹쳐지는 것은 조리 시 발생하는 뜨거운 열기를 차단해주고, 뜨거운 음식물이 튀었을 때 화상을 방지하기 위한 것이다. 자신의 몸에 잘 맞는 것을 입어야 하며, 소매는 적당히 걷어 올리도록 한다.

④ 앞치마는 뜨거운 것으로부터 신체를 보호하기 위해 위생복에 음식물이 튀는 것을 방지하기 위해 착용한다.

⑤ 바지는 안전화의 윗부분만 살짝 덮이는 길이의 바지를 입어야 하며, 땀 흡수가 잘되고 움직임이 편한 것으로 선택해야 한다.

⑥ 신발(안전화)은 방수와 미끄럼방지 기능이 있고, 날카로운 조리도구 등이 떨어지거나 충격이 가해졌을 때 충격 흡수의 안전장치가 있는 조리안전화를 신는다.

2) 앞치마 착용방법

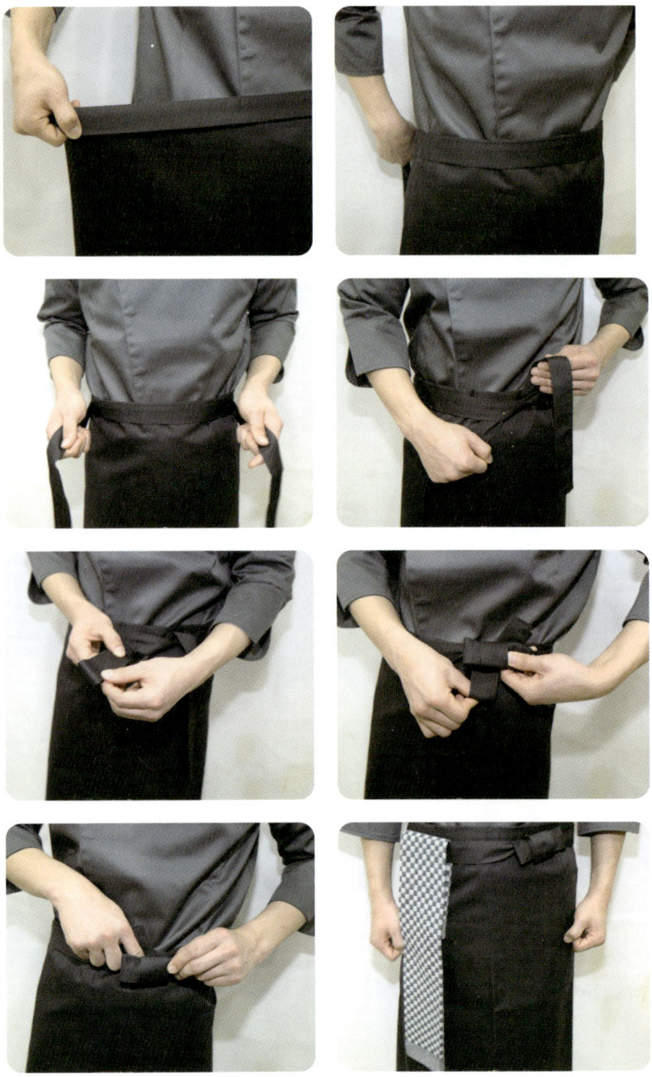

① 앞치마를 흘러내리지 않게 한 단 접어 준비한다.

② 한 단 접은 앞치마를 뒤로 돌려보낸다.

③ 끈을 허리 뒤쪽으로 한 번 돌려 앞으로 오도록 한다.

④ 앞치마 끈을 앞으로 돌려 묶는다.

⑤ 몸쪽 앞에서 오른손잡이 기준으로 약간 왼쪽에서 나비넥타이 모양으로 매듭을 만든다. (오른손잡이 기준으로 가운데에서 만들거나 약간 왼쪽에서 매듭을 만들어도 무방하다.)

⑥ 매듭을 나비넥타이 모양으로 돌돌 말아주는 형태로 만든다.

⑦ 한쪽 끈을 이용해 돌돌 말아주는 형태로 만든다.

⑧ 마무리로 매듭 끝부분은 깨끗하게 정리한다.

⑨ 앞치마 앞쪽에는 린넨Linen을 착용한다.

3) 위생모자 착용방법

위생모자는 머리카락이 음식에 떨어지는 것을 방지하며, 이마의 땀을 흡수하여 얼굴로 흐르는 것을 방지한다. 모자의 재질과 모양은 각기 다르지만, 청결하고 구겨지지 않게 관리하고 똑바로 착용하는 것이 중요하다.(모자를 바르게 쓰고 앞쪽으로 머리가 나오지 않도록 착용한다.)

4) 여성의 경우

머리망과 실핀을 사용하여 머리카락이 음식에 들어가지 않도록 잔머리를 포함하여 깔끔하게 묶어 머리망을 착용한다.

5) 안전화

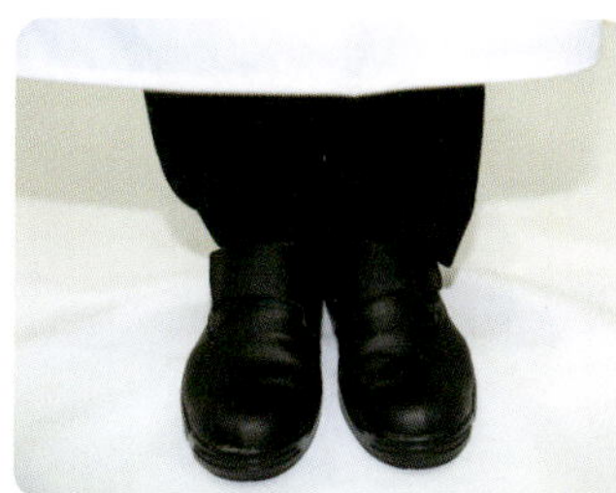

주방에서 조리작업을 할 때 발등에 칼이나 물건이 떨어뜨리는 일이 빈번하게 발생한다. 바닥에 물기가 있어 미끄러져 넘어지는 사고를 예방하기 위해서 안전화를 착용한다.

03 칼

칼Knife & Cutlery은 주방에서 사용하는 조리기구 중에서 가장 기본이 되는 도구이다. 다양한 식재료를 자르고, 다지고, 썰고, 모양내는 등의 어떤 기기나 기물보다 효율적으로 사용할 수 있은 칼은 그 수를 헤아릴 수 없을 정도로 매우 다양하다. 칼은 비싸다고 좋은 것이 아니며, 일반적으로 사용할 때 손잡이가 편안하고 전체적으로 균형이 잘 잡힌 것, 쉽게 갈아지지만 쉽게 무디어지지 않고 오래 유지되는 것, 사용할 때 안전하고 기술을 마음껏 발휘할 수 있는 것이어야 한다. 칼은 다기능의 절단 기구로서 조리 상품을 만들 때 중요한 역할을 하며 가장 많이 사용되므로 정교한 작업까지 할 수 있도록 충분히 날카롭도록 관리해주어야 한다.

그렇지만 무엇보다도 중요한 것은 칼이 가지고 있는 특성과 기능을 이해하고 용도에 맞게 안전하게 사용해야 하는 것이다. 또 칼을 잡는 방법과 사용법을 정확하게 알아야 작업의 효율성을 최대로 높일 수 있고 질 높은 상품을 만들 수 있다.

1) 칼의 구성Composition of the Knife

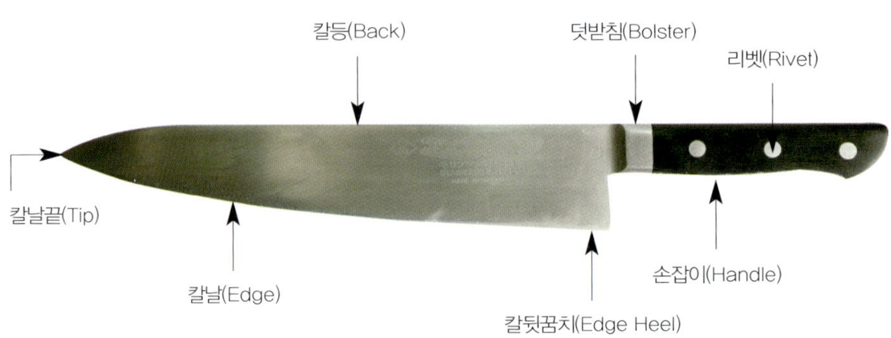

① 칼끝이 가늘면서 뾰족한 것은 섬세한 작업을 하는데 적합하다.
② 칼날 중앙과 칼날 끝 칼에서 가장 중요한 부분이며, 모든 썰기를 할 때 사용한다.
③ 손잡이 칼을 잡는 방법에 따라 정교한 작업이 가능한지의 여부와 조리사의 피로에도 큰 영향을 미친다.

2) 칼 관리하는 방법

(1) 칼 가는 방법

칼을 갈 때에는 바른자세와 정신집중이 요구된다. 먼저 칼과 숫돌 사이의 각도는 15도 정도로 하고, 오른손은 손잡이를 잡고 왼손으로는 칼 면을 가볍게 누르면서 오른손의 밑으로 잡아당겨서 간다. 그 다음 오른손과 왼손의 힘을 동시에 나누면서 밀어낸다.

(2) 숫돌로 칼을 가는 순서(오른손잡이 기준)

- 숫돌은 사용하기 전 물에 20~30분 정도 담가 수분을 충분히 흡수시킨다.
- 테이블 위에 숫돌을 고정시킨다. 젖은 행주를 접어 숫돌 밑에 넣거나, 숫돌 고정틀 위에 올려 고정시켜 사용한다.
- 숫돌 면과 칼 단면의 각도는 15~20도가 적당하다.
- 입자가 거친 숫돌에서 고운 숫돌로 넘어가며 간다.(날 세우기용, 다듬기용, 마무리용)
- 칼날을 연마할 때에 보통 2~4㎜ 정도 길이로 날의 각을 세운다.
- 숫돌의 중간 부분만 움푹 파이는 것을 방지하기 위해서 사용 후 숫돌갈이나 거친 샌드페이퍼로 문질러 평평하게 유지해 주어야 칼날의 손상을 방지할 수 있다.

① 입자가 거친 숫돌에서 고운 숫돌로 넘어가야 하며, 앞쪽 칼끝에서 힘을 주고 당길 때는 힘을 뺀다.

② 갈아주면서 물을 자주 숫돌에 뿌려 마찰열을 최소화하고, 편날 연마를 기준으로 80~90% 정도 갈아준다.

③ 칼날 손잡이 쪽은 날을 많이 세우지 않고 50% 정도만 갈아준다.

④ 칼을 뒤집어 반대쪽을 갈아주는데, 양날 연마일 때는 50%씩 갈아준다.

⑤ 편날 연마일 경우 뒤쪽은 20% 정도가 적당하며 중간중간에 날의 상태를 확인해야 하고, 초보자일 경우 칼날을 만질 때에 주의해야 한다.

⑶ 쇠칼갈이 봉에 칼 갈기

칼을 갈기 위한 목적으로 사용하는 것이 아니고 식재료를 써는 과정에서 칼이 잘 안 든다고 느껴질 때 잠시 잘 들게 하기 위해 사용한다. 하지만 마찰열에 의해 변형을 일으키거나 손상될 수 있으므로 권장하는 방법은 아니다.

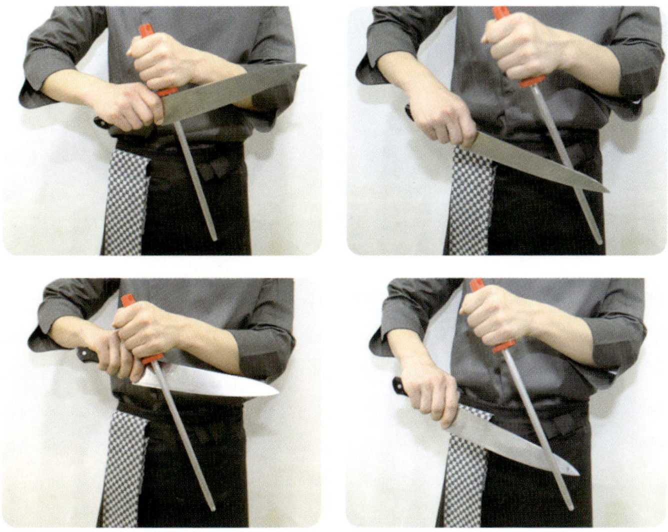

칼갈이 봉으로 칼 가는 방법
(봉을 밑으로 향해서 갈아줄 때)
※ 권장하는 방법

① 칼갈이 봉을 약간 기울이고 밑으로 향해 갈아준다. 위험하지는 않은 방법이지만 흔들리지 않게 힘껏 잡는다.

② 칼갈이 봉이 밑으로 향하도록 잡고, 칼은 10~20도 각도로 반원형을 그리며 아래쪽으로 부드럽게 문지른다.

③ 칼날의 반대쪽도 같은 방법으로 문질러준다.

④ 마지막으로, 위에서 밑으로 내려주면서 문질러준다.

칼갈이 봉으로 칼 가는 방법
(봉을 세워서 갈아줄 때)

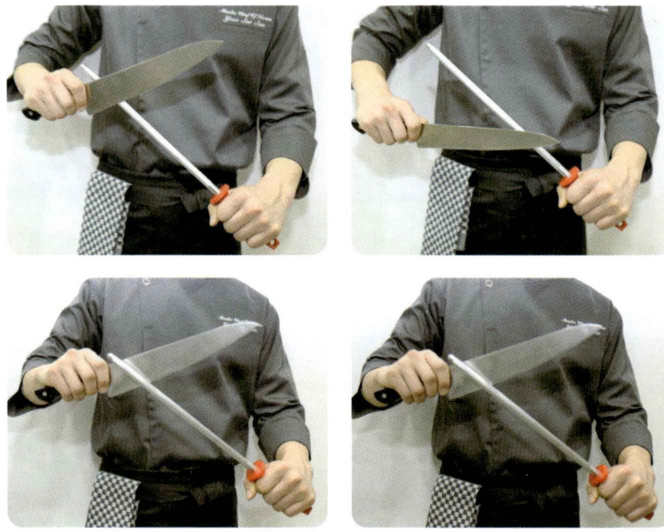

① 칼갈이 봉은 약 45도 정도 기울여 왼손으로 잡고 칼을 칼갈이 봉에 문지른다.

② 그림과 같이 반원형을 그리며 밑쪽으로 문지른다.

③ 칼을 반대쪽으로 문질러 주는데, 한쪽 면을 3~4회 정도 문질러주는 것이 적당하다.

④ 마지막으로 위에서 밑으로 내려주면서 문질러 준다.

CHEF NOTE

조리사들의 실수

칼날을 세우려고 할 때 흔히 하는 실수로, 칼날이 왼손 엄지손가락을 세게 내려치는 경우가 많이 발생하게 된다. 초보 조리사에서부터 숙련된 조리사 모두에게 해당하니 조심할 필요가 있다.

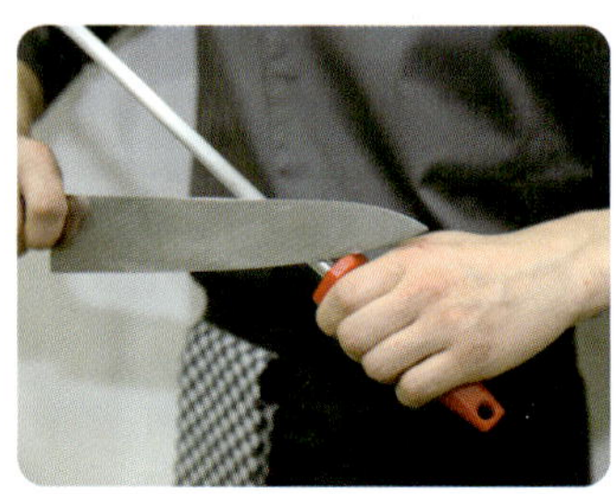

3) 칼의 종류

일반적으로 칼은 칼끝의 모양에 따라 세 가지 정도로 나뉜다. 아시아형Low Tip은 칼날 길이를 기준으로 18cm 정도이며, 서구형의 칼Center Tip은 20cm 정도이고, 다용도 칼High Tip이라 불리는 것은 16cm 정도이다.

로우팁형은 칼끝이 아래로 향하고 있으며, 똑바로 자르기 좋고 채 썰기 등 동양요리에 적당하다. 센터팁형은 칼등과 칼날이 곡선을 이루고 있어 자르기 할 때 힘이 들지 않으며 회칼로도 많이 사용된다. 하이팁형은 칼등이 곧게 뻗어 있고 칼날이 둥글다. 이 칼은 뼈를 자를 때 많이 사용된다.

- 조각칼 : 8cm 정도 길이로 끝이 뾰족한 날을 가지고 있다. 채소를 깎거나 도려낼 때 사용된다.
- 생선칼 : 16cm 정도 길이로 날이 유연하고 끝이 뾰족한 칼이다. 유연성이 있어 생선의 뼈를 발라낼 때, 양파를 썰 때 적당하다.
- 프렌치 : 23cm 정도 길이의 견고한 칼로 5cm 정도의 폭과 뾰족한 끝을 가지고 있다. 채소를 크게 자를 때와 얇게 썰 때 모두 적당하다.

4) 기본 칼 잡는 방법

① 칼의 양면을 잡는 방법 : 일반적인 식재료 자르기와 슬라이스 할 때 가장 많이 사용하는 칼 잡는 방법으로, 오른손 엄지와 검지가 칼날의 면을 잡은 형태이다.

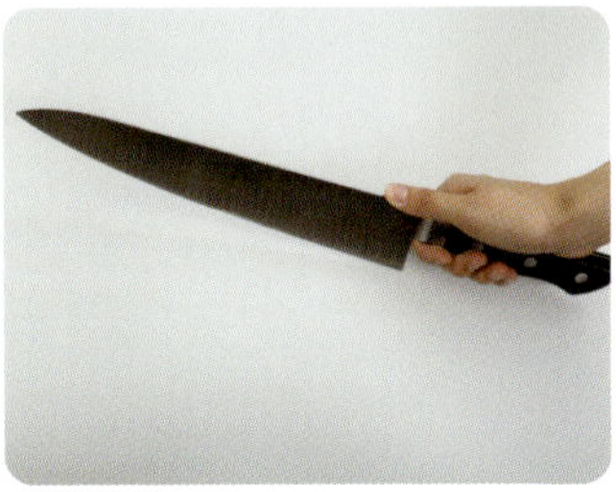

② 칼등 쪽에 엄지를 얹고 잡는 방법 : 힘이 많이 필요한 딱딱한 식재료를 자를 때나 뼈를 부러트릴 때 칼을 잡는 방법으로, 오른손 엄지손가락이 칼등 쪽에 있는 형태로 누르는 힘이 강하다.

③ 칼등 쪽에 검지를 얹고 잡는 방법 : 정교한 작업을 할 때 칼의 끝쪽을 사용하기 위해 잡는 방법으로, 오른손 검지를 칼등 위쪽에 얹어놓고 칼을 잡는다.

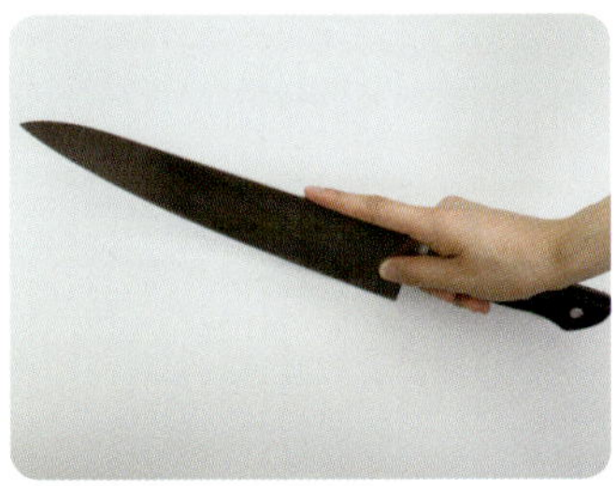

④ 칼 손잡이만 잡는 방법 : 칼의 손잡이만 잡는 방법으로, 힘을 가하지 않고 칼을 사용할 수 있다.

⑤ 보닝나이프Boning Knife 잡는 방법 : 뼈에 붙은 살을 발라내거나 분리할 때만 사용할 수 있다.

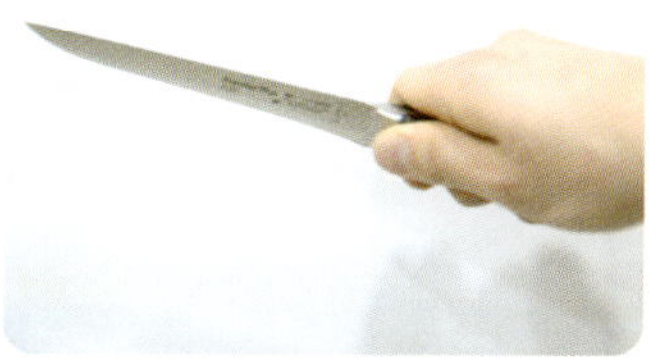

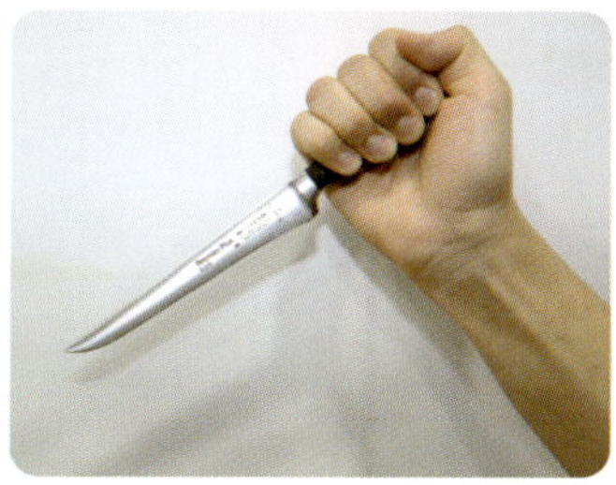

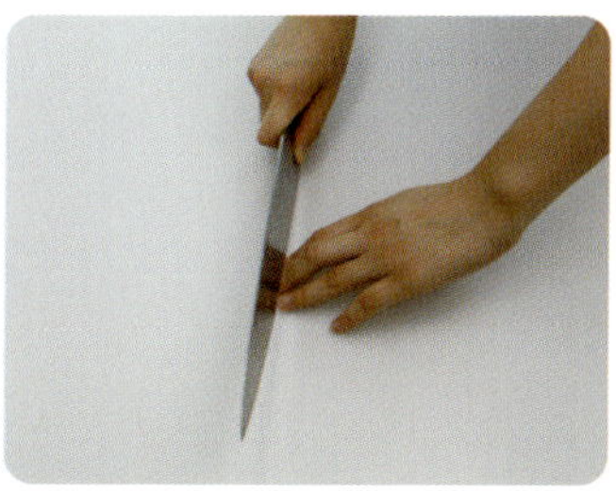

⑥ 주의해야 할 칼 썰기 방법 : 사진과 같이 손가락 끝이 칼날을 향하고 있으면 손을 다칠 수 있으므로 주의해야 한다. 그러므로 손끝을 안쪽으로 말아서 칼과 반대 방향이 되는 방법을 권장한다.

THE BASIC CUISINE

CHAPTER 2

개인위생과 안전

01 개인위생Personal Hygiene

1) 올바른 손 씻기

손은 모든 식재료의 표면과 직접 접촉하는 부위로, 각종 세균과 바이러스를 인체로 전파시키는 매개체이다. 우리가 알고 있는 감염성질환은 공기를 통해 코나 입으로 병균이 직접 침입하기보다는 바이러스가 묻은 손이 눈이나 코, 입과 접촉하여 감염되는 경우가 더 많다고 알려져 있다.

손은 43℃ 온수에서 20초 이상 물비누를 사용하여 씻어야 한다. 손세척이 필요한 상황은 화장실 이용 후, 날음식물 처리 후, 몸을 만지거나 타인과 접촉한 후, 음식찌꺼기 및 폐기물 취급 후, 식기 세척작업 후, 식사·흡연·차를 마신 후, 오염 가능성이 있는 집기나 물품과 접촉한 후, 코를 풀거나 기침, 재채기 후, 베인 상처나 창상을 만진 뒤, 식품의 보관 또는 정리 후, 쓰레기통, 화학제품 사용 후, 청소 후, 칼을 간 후 등이다.

2) 기본위생 습관

① 손톱은 늘 짧고 깨끗하게 유지해야 한다.
② 아무리 작은 상처 또는 베인 곳은 붕대로 감싸고 합성수지 장갑을 착용한다.
③ 식품을 취급 중에는 담배를 피우거나, 껌을 씹거나, 침을 뱉지 않는다.
④ 화장실에 갈 때는 탈의실에서 작업복, 작업모, 신발 등을 바꿔 착용한다.
⑤ 반지, 팔찌, 손목시계, 목걸이 등의 장신구는 식품을 조리하는 작업 중에 교차 오염을 일으킬 수 있으므로 착용하지 않는다.

(1) 개인위생

개인위생이 개인에게는 사소한 문제이지만, 식품의 안전성에는 결정적인 영향을 미친다. 질병은 신체의 어느 부분에서도 전파될 수 있으므로, 작업장 내에서 개인위생과 관련하여 준수해야 할 개인습관은 다음과 같다.

- 식품 취급장소에서는 절대 흡연하지 않는다.
- 식품 취급장소에서는 먹거나, 마시거나, 껌을 씹지 않는다.
- 침을 뱉지 않는다.
- 손톱을 물거나 핥지 않는다.
- 코를 만지거나 긁지 않는다.
- 식품 앞에서는 재채기하지 않는다.
- 주방 내에서는 머리를 만지지 않는다.
- 국자 등으로 절대로 음식을 맛보지 말고, 한 번 사용한 숟가락으로도 맛보지 않는다.

작업장 청결

주방전용 청소세제

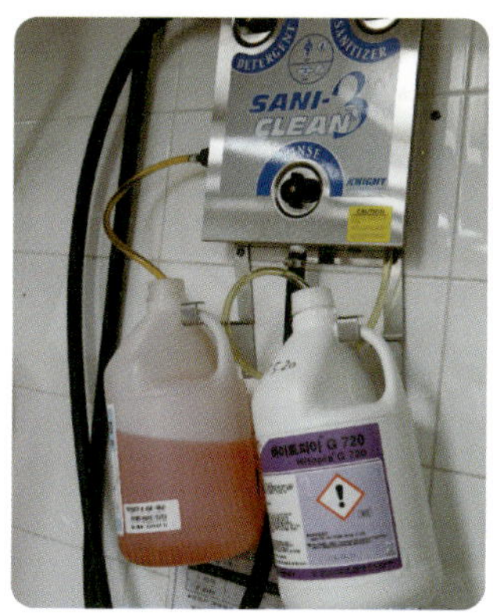

3) 조리작업장 위생관리

(1) 조리작업장 출입 시 발판 소독기

조리작업장 출입 시 2차 오염방지를 위해 작업장 입구에 소독액을 첨가한 발판을 만들어 신발(안전화)을 소독한다.

(2) HACCP 개인위생 및 작업장 위생에 대한 법률적 기준

'「식품위생법」(2015) 제3조 식품 등의 취급'에 따르면, "누구든지 판매(판매 외의 불특정 다수인에 대한 제공을 포함한다. 이하 같다)를 목적으로 식품 또는 식품첨가물을 채취·제조·가공·사용·조리·저장·소분·운반 또는 진열할 때는 깨끗하고 위생적으로 하여야 한다."라고 정의하였다.

(3) 교차오염

- 칼과 도마 등의 조리기구나 용기는 조리 과정에서 교차오염을 방지하기 위해 용도별로 구분하여 사용하고, 수시로 세척 및 소독한다.
- 조리작업 중 교차오염 발생을 줄이기 위해 작업자는 여러 종류의 장갑을 착용할 수 있다. 단단한 식재료를 절단해야 할 때는 그물장갑을 착용하고, 기구 등을 세척할 때는 고무장갑을 착용한다.

- 조리작업 중 타액으로 발생하는 각종 바이러스,

식재료 교차오염 발생을 줄이고자 작업장 혹은 고객과 직접 대화가 가능한 오픈 주방에서는 마스크 착용을 권장한다.

- 교차오염을 줄이기 위해서 1회용 페이퍼타월 사용을 권장한다.

02 주방의 위험과 안전Safety in the Kitchen

1) 각종 칼에 대한 안전 예방수칙

칼은 음식을 자르는 이외의 목적에는 절대 사용하지 말아야 한다. 손에 들고 장난치는 것은 금물이며, 혹 조리 중 칼을 바닥에 떨어뜨렸을 때 절대로 손으로 잡지 않고 피하는 것이 원칙이다.

① 칼을 쥐고 설을 때는 칼의 뾰족한 부분은 항상 아래로 향해야 한다.
② 작업 중 바닥에 떨어지는 칼은 절대 잡으려고 하지 말아야 한다.
③ 칼은 항상 도마에서만 사용해야 한다.
④ 칼은 사용 후 바로 세척하는 것이 가장 좋으며, 주방기물을 세척하는 싱크대에 칼을 놓아서는 안 된다.
⑤ 손으로 칼날이 서있는 정도를 확인하는 것은 위험하다.
⑥ 조리용 칼은 날이 항상 잘 서있어야 한다. 날이 무뎌있는 칼은 작업을 어렵게 할 수 있으며, 이로 인하여 안전사고가 발생할 수 있다.

⑦ 뜨거운 식기세척기의 열에 의해 손잡이와 칼날 연결 부위가 헐거워져 안전사고 위험이 발생할 확률이 높기 때문에, 칼은 식기세척기 사용을 금해야 한다.

⑧ 사용 후 세척할 때는 칼의 등쪽에서 칼날을 바깥쪽으로 조심스럽게 세척한다.

⑨ 칼을 보관하기 전에는 반드시 세척 → 소독 → 건조 과정을 거친 후 보관한다.

⑩ 조리용 칼은 반드시 식재료 손질에만 사용한다.

⑪ 칼의 사용은 칼의 형태와 크기, 용도에 맞게 사용해야 한다.

⑫ 다른 사람에게 칼을 전달할 때는 칼날 등쪽을 조심스럽게 붙잡고 칼의 손잡이가 상대방을 향하게 하여 전달한다.

⑬ 칼을 테이블 위에 놓아둘 때는 테이블 끝에 놓는 것은 위험하다.

⑭ 칼을 사용하지 않을 때는 칼날이 작업자와 반대 방향으로 향하게 놓아야 한다.

⑮ 칼은 행주나 일회용타월 등으로 덮어놓지 말아야 하고, 반드시 누구든지 칼을 볼 수 있게 해야 한다.

⑯ 테이블 정리·정돈 시 칼을 가장 먼저 정리하여 안전사고를 예방한다.

2) 작업장 안전관리

① 주방 주변은 해충 또는 해충의 알이 서식할 수 있는 오물이 제거되어야 하며 매연, 악취, 분진 등이 존재하지 않도록 항상 청결하게 관리해야 한다.

② 창문은 바닥면에서 적절한 높이에 설치하고, 방충망을 설치하여 해충 및 오염물질의 침입을 예방해야 한다.

③ 배수구를 적절히 설치하여 주방 바닥에 폐수가 고이지 않도록 관리한다. 배수구에 생길 수 있는 해충의 서식지를 제거하고, 폐기물·음식물 또는 폐수에 의한

오염을 방지하는 것이 중요하다.

(1) 작업장 조명

작업장의 조명은 작업자의 능률과 안전에 직접 영향을 미치므로 주방과 홀의 조명은 220룩스 이상 조도를 유지해야 한다. 식자재의 색상이 다른 색으로 보이는 광선을 사용하지 않는 것이 좋다.

(2) 낙상사고

낙상이란, 자신의 의지와 관계없이 갑자기 넘어져서 뼈와 근육, 즉 근골격계에 상처를 입는 사고를 말한다. 낙상사고는 주로 노인들에게 많이 발생하지만, 젊은 사람들도 자주 낙상사고를 당하여 해마다 발생률이 늘고 있는 추세이다.

(3) 기기사고

주방 책임자는 주방 종사원의 안전과 장비 관리를 위하여 주방에서 사용하는 모든 장비의 사용법, 분해 방법, 세척법 등을 수시로 교육하며, 장비를 점검하는 것이 중요하다. 이때 기계 작동 전 안전장치를 확인하고 기계의 이상 유무를 먼저 확인한 뒤 교육한다.

(4) 화상사고

주방에서 주로 발생하는 화상사고는 크게 두 가지로 나뉠 수 있다. 하나는 뜨거운 주방기구의 표면을 접촉하여 작업자가 화상을 입는 경우, 또 다른 하나는 뜨거운 물이나 기름, 수증기 등에 화상을 입는 경우이다.

THE BASIC CUISINE

CHAPTER 3

조리 기기와 도구

01 주방 기기 Kitchen Equipments

1) 주방 기기의 개요 Summary of Kitchen Equipments

주방에서 사용되는 기구나 기기들은 가스나 전기 등의 에너지를 이용하여 가열 또는 재가열, 냉각, 커팅 등을 하는 기계들로 스토브, 오븐, 냉장고, 식기세척기, 쿨링 박스 등을 말한다. 이 기구나 기기들은 대부분 대형이며 장소도 많이 차지하고 가격도 비싸기 때문에 사용방법, 성능, 내구성, 유지관리의 용이성, 경제성 등을 고려하여 선택해야 한다.

CHEF NOTE

데크 오븐과 컨벡션 오븐의 차이

컨벡션 오븐은 일반 오븐에 순환시켜주는 팬 장치가 더 있는 오븐이다. 오븐 속이 전체적으로 비교적 고른 온도로 가열된다는 뜻이다. 보통의 오븐에서 온도가 낮은 팬의 가장자리나 열을 받지 않는 부분이 존재하지만, 컨벡션 오븐에서는 뜨거운 공기가 음식 주위를 골고루 순환하기 때문에 계속해서 열에너지를 공급하게 된다. 일반 오븐이라도 컨벡션 기능이 있다면 사용하기를 권장한다.

2) 주방 기기의 종류Kind of Kitchen Equipments

베이커리 오븐 Bakery Oven
베이커리 주방에서 사용하는 오븐으로 빵이나 쿠키 등을 구울 때 사용

중화레인지Chinese Range
중식요리에 사용하는 레인지

푸드 블렌더 Food Blender
음식물을 곱게 갈 때 사용

아이스 머신(제빙기) Ice Machine
일정한 크기의 얼음을 만드는 기계

핸드 워싱 Hand Washing
주방 한쪽에 마련된 전용 손세정대

가스레인지Gas Range
주방에서 요리할 때 가장 많이 사용하는 가스레인지

인덕션레인지Induction Range
전기로 열을 만들어 조리할 때 사용하는 레인지

딥프라이어Deep Fryer
다양한 식재료를 기름에 튀길 때 사용

커팅보드 스테럴라이저Cutting Board Sterilizer
주방에서 사용하는 도마를 세척 후 소독할 때 사용

브로일러Broiler
육류, 생선류 등을 복사열을 이용해서 구울 때 사용

슬라이서Slicer
여러 종류의 식재료를 얇게 자를 때 사용

샐러맨더Salamander
위에 있는 열을 이용해 두껍지 않은 재료를 익히거나 색을 낼 때 사용

그리들Griddle
두꺼운 철판이 뜨거운 온도를 유지하도록 만든 것으로 주로 식재료를 볶을 때 사용

스팀 케틀 Steam Kettle
매우 많은 양의 음식물을 한꺼번에 끓이거나 삶을 때 사용

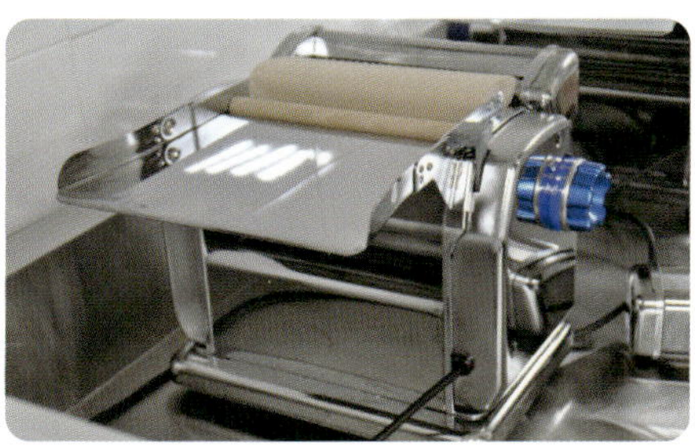

파스타 누들 머시너리 Pasta Noodle Machinery
파스타의 면을 만들 때 사용하는 기계

CHEF NOTE

파스타를 삶을 때 올리브오일을 넣지 않는 이유

파스타를 삶을 때 물에 오일을 조금 넣으면 파스타의 면이 서로 붙지 않는다고 알고 있다. 하지만 직접 삶아보면 냄비 안의 물은 바닥의 열에 의해 끓어오르면서 대류를 하지만, 건조 파스타면은 바닥 부분에 머무르며 삶아질 뿐 위로 떠오르지는 않는다. 또 물이 끓으면서 대류를 해도 오일은 물보다 가볍기 때문에, 물 표면에 떠 있으므로 바닥에서 익고 있는 면과 오일은 접촉하지 않아 오일만 낭비하게 되는 것이다. 그러나 면을 알단테로 익힌 후 건져낼 때 삶은 파스타가 바깥의 찬 공기로 나오게 되면, 수증기가 발생하면서 오일이나 수분을 흡수하는 힘이 강해지게 된다. 그로 인해 물 표면에 있던 오일을 흡수해 면 표면이 코팅되면, 다음 단계에서 소스와 볶을 때 소스와 잘 어우러지지 않게 되기 때문에, 파스타를 삶을 때 오일을 넣지 않는다.(오일소스 파스타일 때는 넣어도 상관이 없다.)

디시 워셔 Dish Washer
조리도구나 접시 등을 세척할 때 사용

쿨링박스Cooling Box
스톡, 수프나 소스 등을 빨리 식힐 때 사용

셰프 오피스 Chef Office
주방 사무실로 총주방장과 주방장 회의, 메뉴 구상, 업무 전달 등이 이루어지는 곳

워크인 냉장고 Work in Refrigerator
대용량 냉장고로 사람이나 주방 카트가 들어갈 수 있는 큰 냉장고

02 조리용 기구Cooking Utensil

보닝 나이프 Boning Knife
뼈에 붙은 살을 발라내거나 분리할 때 사용

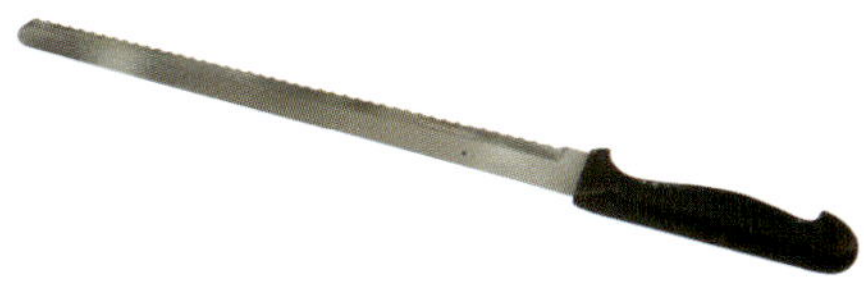

브레드 나이프 Bread Knife
겉이 단단한 종류의 빵을 자를 때 사용

카빙 나이프 Carving Knife or Slicer
덩어리가 큰 육류나 가금류를 자를 때와 연어를 썰 때 사용

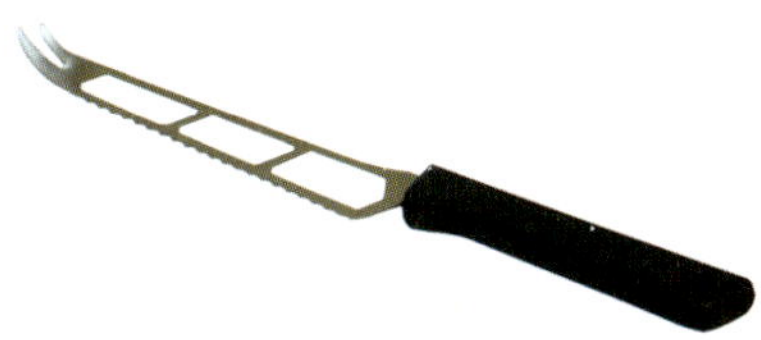

치즈 나이프 Cheese Knife
치즈를 자를 때 사용

중식용 나이프 Chinese Knife
중국음식을 다룰 때 사용하는 칼

프렌치 나이프 French Knife / Chef's Knife
주방에서 다양하게 사용하는 칼

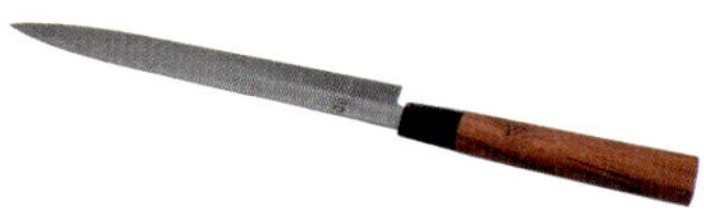

일식용 나이프, 사시미용 Japanese Knife
일본음식을 다룰 때 사용하는 칼

패링 나이프 Paring Knife
채소의 껍질을 벗기거나 다듬을 때 사용

유틸리티 나이프 Utility Knife
여러 용도로 다양하게 사용하는 칼로 프렌치 나이프보다 작다.

03 조리용 소도구Cooking Tools

애플 코러 Apple Corer
통사과의 씨를 제거할 때 사용

버터 스크레이퍼 Butter Scraper
버터를 모양내면서 긁어낼 때 사용

볼 커터 Ball Cutter / Parisian Scoop
과일이나 채소를 원형으로 깎을 때 사용

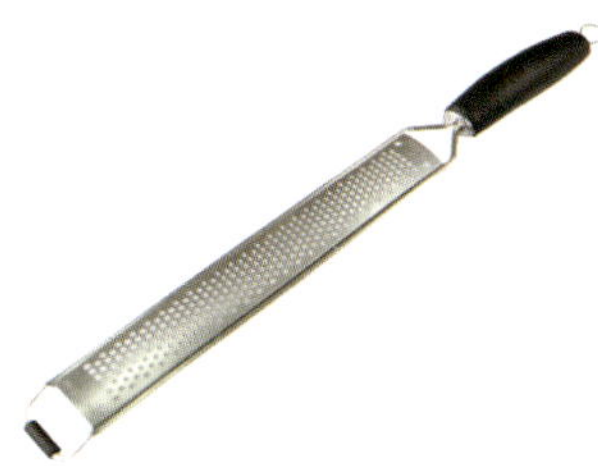

치즈 그레이터 Cheese Grater
단단한 종류의 치즈를 얇게 갈 때 사용

카빙 나이프 Carving Knife(세트)
식재료를 조각하거나 모양낼 때 사용하는 조리용 조각도

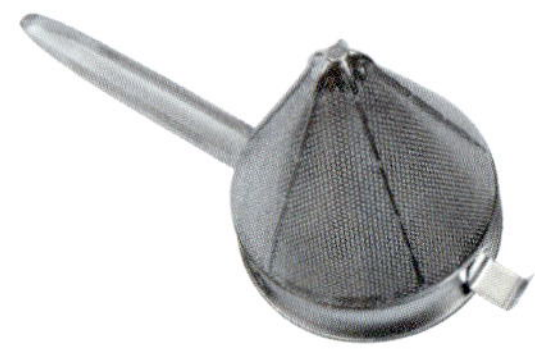

차이나 캡 China Cap
수프나 소스, 삶은 음식 등을 거를 때 사용

피시 본 피커 Fish Bone Picker
생선살에 있는 뼈를 제거할 때 사용

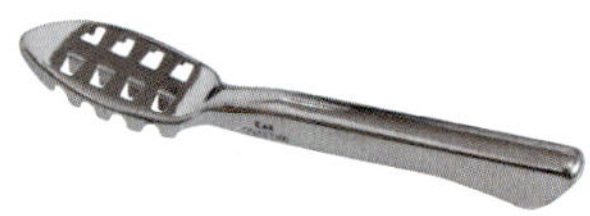

피시 스케일러 Fish Scaler
생선비늘을 벗겨낼 때 사용

그레이터Grater
치즈, 과일, 채소 등을 갈 때 사용

그릴 스패츌러 Grill Spatula
조리 중 뜨거운 것을 뒤집을 때나 옮길 때 사용

미트 텐더라이저 Meat Tenderizer
육류를 두드려서 연하게 만들 때 사용

포테이토 라이서 Potato Ricer
삶은 감자를 곱게 으깨기 위해 사용

제스터Zester
오렌지류의 껍질을 얇게 벗겨낼 때 사용

04 조리 계량 기구Measuring

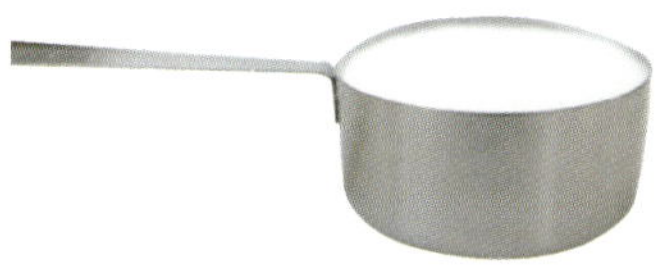

메저링컵Measuring Cup
식재료의 부피를 계량하는데 액체나 밀가루를 주로 사용

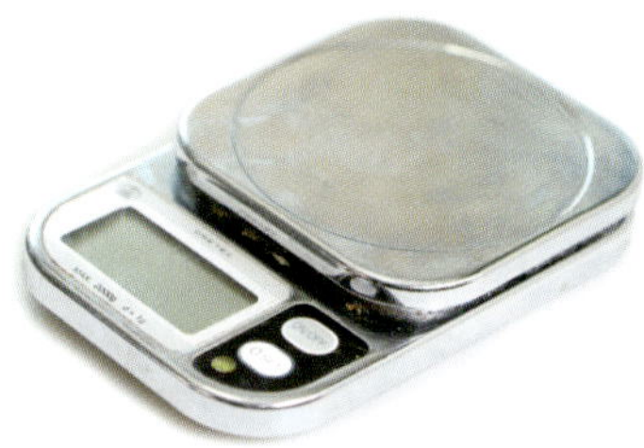

일렉트론 스케일 Electron Scale
음식물 무게를 정확히 측정할 때 사용

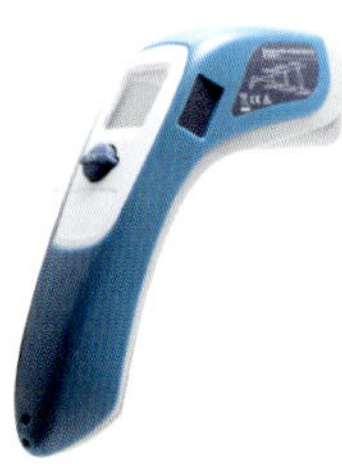

적외선 온도계 Infrared Thermometer
먼 곳의 온도를 적외선으로 측정

저울Scale
음식물 무게를 측정하는 일반적인 저울

메저링 스푼 Measuring Spoon
적은 양의 부피를 계량하는데
액체나 밀가루를 주로 사용

05 운반 기구Cars & Trolley

디시 트롤리 Dish Trolley
많은 접시를 한 번에 안전하게 운반할 때 사용

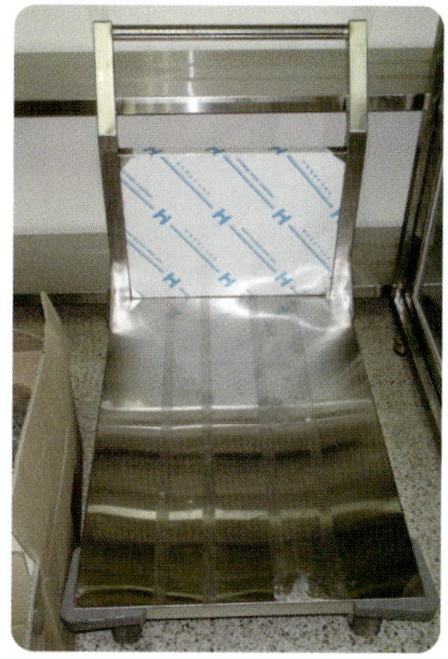

엘-타입 카트L-Type Cart
식재료 등 각종 물건을 운반할 때 사용

키친 카트 Kitchen Cart
주방 물건을 이동할 때 사용

접시 트롤리 Mobile Plate Rack
음식을 담은 많은 접시를 한 번에 이동할 때나 잠시 보관할 때 사용

시트 팬 트롤리 Sheet Pan Trolley
공간을 효율적으로 사용하기 위해 식재료를 담아 놓은 시트 팬을 넣어둠

THE BASIC CUISINE

CHAPTER 4

기초 조리 방법

01 조리의 사전 준비과정

미장플러스Mise en Place란, 조리작업에 필요한 식재료 및 조리 도구 등을 사전에 준비하는 것으로 우리말로는 '적재적소 배치'라고 할 수 있다. 조리 시 하루의 작업을 위하여 필요한 기본적인 식재료와 조리 도구들을 쓰기 편하도록 준비해 놓는 것을 말하며, 실제로 조리를 위한 모든 준비가 되었다는 뜻이다.

1) 미장플러스의 목적

실제로 요리가 시작되기 전에 모든 준비활동을 완결하는 것으로, 조리과정은 단순화되고 주문에 따라 음식 제공의 속도 및 절차가 무리 없이 이루어질 수 있는 것이다. 따라서 업무가 시작되기 전에 조리사 각자는 완전히 조리작업 준비가 끝났는가를 점검할 수 있는 충분한 시간을 가져야만 할 필요가 있다.

2) 미장플러스의 필요성

요리를 만들 수 있는 준비 작업이 완벽히 이루어지면 요리는 이미 절반은 완료되었다고 볼 수 있을 만큼, 준비를 하는 것은 업무를 효율적·능률적으로 수행할 수 있는 최소 기본요건인 것이다. 이 기초 작업은 작업이 큰 규모의 주방이나 작은 주방에도 해당되는 것으로, 조리사 개개인의 능력이 한눈에 평가될 수 있는 방법이기도 하다. 특히 주방요원 중에서 여러 부문의 조리사들이 작업을 주시해 보면 정확한 조리작업 준비와 관련해서 그의 업무를 조직적으로 쉽게 소화해 내는 능력을 가진 조리사를 발견할 것이다.

이런 조리사들은 작업을 하기 전에 필요한 도구 및 기자재의 준비를 완벽히 하는 사람으로, 업무의 효율성과 개인의 능력을 최대한 발휘하고 완벽한 요리생산을 위해 미장플러스가 절대적으로 필요하다. 따라서 모든 조리사들은 자기가 맡은 업무에 대한 미장플러스의 필요성을 충분히 인식하고 철저히 준비하는 습관을 가져야 한다.

3) 기초 준비작업

(1) 자기가 맡은 업무에 대한 미장플러스가 존재

(2) 고객에게 제공하는 세 가지 미장플러스

- 기초 식재료의 준비 : 가공하지 않는 식재료의 준비과정
- 가공 식재료의 준비 : 요리를 만들기 위한 약간 가공한 식재료의 준비과정
- 소도구의 준비 : 주방 소도구의 준비과정

02 기본 썰기방법

1) 한식 썰기의 기본동작

밀어 썰기 A

오이, 무, 양배추, 기타 채소 등을 채 썰 때 사용하는 방법으로, 오른쪽 검지를 칼등에 대고 칼을 끝쪽으로 미는 듯하게 가볍게 움직이면 곱게 썰어진다. 위에서 아래로 내리누르듯이 힘을 주면 채소의 섬유가 파괴되고 썰어진 단면이 거칠어진다.

밀어 썰기 B

큼직한 호박(단단한 것)이나 무 등을 토막 낼 때의 방법이다. 칼을 안쪽에서 끝쪽으로 밀어 넣는 듯한 기분으로 재료에 넣고, 왼손으로 칼끝 쪽을 누른 채 이쪽저쪽으로 번갈아 힘을 주면서 쪼개듯이 썬다.

밀어 썰기 C

묵이나 김밥, 순대, 샌드위치, 등 말랑말랑하고 속에 무엇이 들어있는 재료를 썰 때, 무조건 힘을 주어 눌러 썰면 속재료가 삐져나와 지저분해진다. 우선 칼끝을 재료의 안쪽에 밀듯이 가볍게 넣고 미끄러지듯 단번에 썬다.

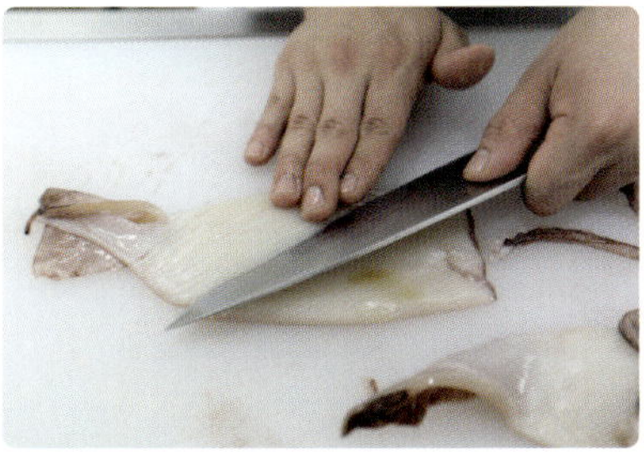

잡아당겨 썰기

칼의 안쪽은 들어 올리고 칼끝을 재료에 비스듬히 댄 채 잡아당기듯 하며 써는 것이다. 오징어를 채 썰 때에 이 방법을 사용한다. 재료는 썰어진 채로 그대로 있으므로, 그 밑으로 칼을 뉘어서 넣고 살짝 들어서 그릇으로 옮겨 담으면 된다.

눌러 썰기

다져 써는 방법의 하나로, 왼손으로 칼끝을 가볍게 누르고, 오른손을 상·하·좌·우로 움직여 누르듯 하면서 써는 것이다.

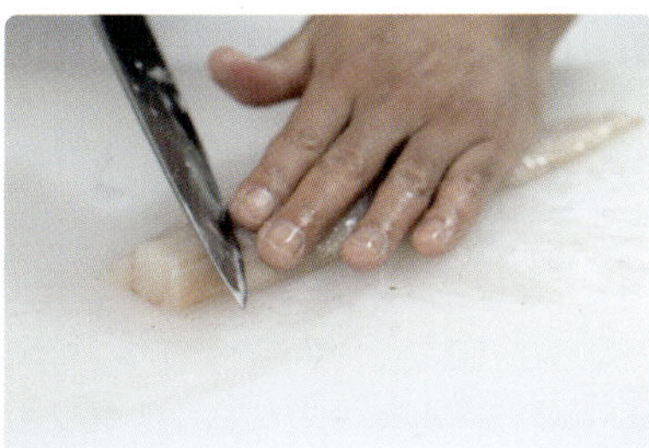

저며 썰기

재료의 왼쪽 끝에 왼손을 얹고, 오른손으로는 칼을 뉘어서 재료에 넣은 다음 안쪽으로 잡아당기는 듯한 동작으로 얇게 써는 것이다.

2) 한식 기본 썰기방법

골패 썰기

무, 당근 등의 둥근 재료의 가장자리를 잘라내어 직사각형으로 만들어 얇게 써는 방법이다.

깍둑 썰기

무, 감자 등을 가로 · 세로 · 두께 모두 2cm 정도의 같은 크기로 주사위처럼 써는 방법이다. 주로 깍두기, 찌개, 조림 등에 이용된다.

깎아 썰기

우엉, 밤, 오이 등의 재료를 칼날의 끝부분으로 연필 깎듯이 돌려가면서 얇게 써는 방법이다. 무 등 굵은 것은 칼질을 여러 번 넣은 다음 썬다.

나박 썰기

무, 당근 등의 둥근 재료의 가장자리를 잘라내어 정사각형으로 만들어 얇게 써는 방법이며, 나박 썰기는 가로·세로가 비슷한 사각형으로 반듯하고 얇게 써는 방법이다.

다지기

채를 썬 것을 가지런히 모아서 잡은 다음, 직각으로 잘게 써는 방법이다. 파, 마늘, 생강, 양파 등 양념을 만드는데 주로 쓰이며, 크기는 일정하게 써는 것이 좋다.

둥글려 깎기

감자, 당근, 무 등 각이 지게 썰어진 재료의 모서리를 얇게 도려내어 둥글게 만드는 방법으로, 오랫동안 끓이거나 졸여도 재료의 모양이 뭉그러지지 않아서 조리 후에 음식이 보기 좋게 된다.

돌려 깎기

호박, 오이 등을 일정한 크기(길이 5cm 정도)로 토막을 낸 뒤, 껍질에 칼집을 넣어 얇게 돌려 깎아내는 방법으로, 가늘게 채를 썰 때 이용한다.

마구 썰기

오이, 당근 등 비교적 가늘고 긴 재료를 한 손으로 빙빙 돌려가며 한 입 크기로 작고 각이 있게 써는 방법이다. 주로 채소의 조림에 이용된다.

막대 썰기

재료를 원하는 길이로 토막 낸 다음, 알맞은 굵기의 막대 모양으로 써는 방법이다. 무장과, 오이장과나 적 등을 만들 때 사용한다.

반달 썰기

무, 감자, 당근, 호박 등을 길이로 반을 가른 후 원하는 두께로 반달 모양으로 써는 방법이다.

솔방울 썰기

갑오징어나 오징어를 볶거나 데쳐서 회로 낼 때 큼직하게 모양을 내어 써는 방법이다. 반드시 오징어 안쪽에 사선으로 칼집을 넣고, 다시 엇갈려 비스듬히 칼집을 넣은 다음 끓는물에 넣어 살짝 데쳐서 모양을 낸다.

어슷 썰기

오이, 당근, 파 등 가늘고 길쭉한 재료를 칼을 옆으로 비껴 적당한 두께로 어슷하게 써는 방법으로, 주로 볶음, 찌개 등에 이용된다.

은행잎 썰기

호박, 감자, 당근, 무 등의 재료를 길이로 십자 모양으로 4등분하여, 원하는 두께로 은행잎 모양으로 써는 방법이다. 주로 찌개나 조림 등에 이용된다.

저며 썰기

재료의 끝을 한손으로 누르고 칼 몸을 뉘여서 재료를 안쪽으로 당기듯이 한 번에 써는 방법으로, 표고나 고기, 생선, 버섯 포를 뜰 때 이용한다.

채 썰기

재료를 원하는 길이로 잘라서 얇게 편을 썰어 겹쳐놓고 일정한 두께로 가늘게 써는 방법이다. 보통 생채, 구절판이나 생선회에 곁들이는 채소를 썰 때 쓰인다.

편 썰기(얄팍 썰기)

재료를 원하는 길이로 자른 후 그대로 얄팍하게 썰거나 원하는 두께로 고르게 얇게 써는 방법이다.

통 썰기

모양이 둥근 오이, 당근, 연근을 통째로 써는 방법이다. 두께는 재료와 음식에 따라 다르게 조절하며, 보통 조림, 국, 절임 등에 이용된다.

3) 한식 고명 만들기

고명은 음식의 겉모양을 좋게 하고 포인트를 주는 것으로, 너무 많이 사용하지 않는 것이 보기에 좋다.

(1) 달걀지단 만들기

① 달걀을 깨서 흰자 알끈을 제거하고 노른자로 나누어 소금을 뿌려 간을 한다.

② 흰자는 알끈을 제거하고, 거품이 일어나지 않도록 잘 저어 체에 내린다.

③ 팬을 달구어 기름을 두르고 약불에서 황·백 달걀을 각각 넣고 원하는 두께로 황·백 지단을 부친다.

④ 지단을 부치고 채를 썰거나 마름모꼴 모양으로 썰어 고명으로 사용한다.

①

②

③

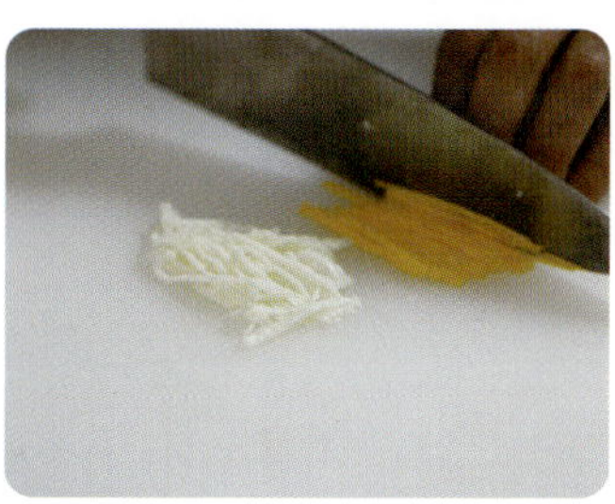

④-1

④-2

(2) 채소고명 만들기

① 청·홍고추 : 길이로 반을 잘라 씨를 빼고, 채 썰거나 골패형·마름모꼴·어슷 썰어 고명으로 사용한다.

② 말린 홍고추(실고추) : 씨를 털어내고 어슷 썰거나 곱게 채 썰어 실고추를 만들어 고명으로 사용한다.

③ 오이·호박 : 소금으로 비벼 씻은 후 길이로 잘라 껍질만 돌려 깎아 채를 썬 다음, 소금에 절인 후 볶아서 사용한다. 또는 골패형·마름모꼴로 썰어 고명으로 사용한다.

④ 실파 : 뿌리를 자른 후 겉잎을 벗겨내어 깨끗이 씻은 후, 송송 썰거나 길이로 잘라 사용한다.

①-1

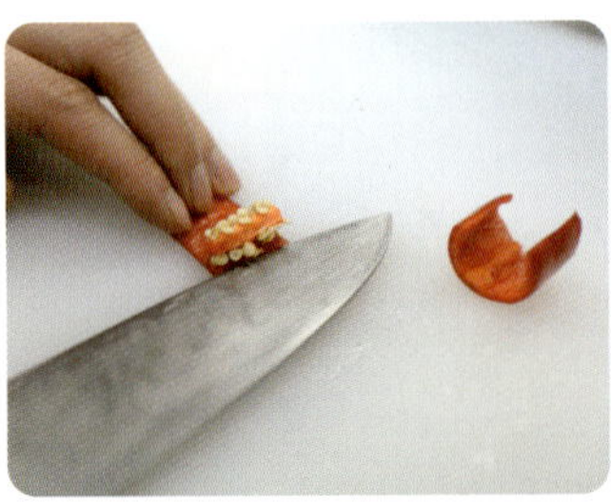

①-2

①-3

②

③-1

③-2

③-3

④

(3) 미나리촛대 만들기

① 달걀을 깨서 소금으로 간을 한 후, 거품이 일어나지 않도록 잘 저어 체에 내린다.

② 미나리는 잎을 떼어내고 줄기 부분만 길이 10cm 정도로 잘라, 꼬치로 양 끝을 꿰어 고정한다.

③ 미나리에 밀가루와 달걀물을 씌운 후, 팬을 달구어 기름을 두르고 약불에서 지진다.

④ 부쳐진 초대는 골패형, 마름모꼴 등으로 다양하게 썰어 고명으로 이용한다.

②

④

(4) 여러 가지 한식 고명재료들

대추, 잣, 은행, 깨, 석이버섯, 호두, 실고추, 달걀, 건고추, 청고추 등

CHEF NOTE

식사 중의 예절

- 어른을 모시고 식사할 때는 어른이 먼저 수저를 든 다음에 아랫사람이 들도록 한다.
- 숟가락과 젓가락을 한 손에 들지 않으며, 젓가락을 사용할 때에는 숟가락을 상 위에 놓는다. 숟가락이나 젓가락을 그릇에 걸치거나 얹어놓지 말고, 밥그릇이나 국그릇을 손으로 들고 먹지 않는다.
- 음식을 먹을 때는 음식타박을 하거나 먹을 때에 소리를 내지 말고, 수저가 그릇에 부딪혀서 소리가 나지 않도록 한다.
- 여럿이 함께 먹는 음식은 각자 접시에 덜어먹고, 초장이나 초고추장 같은 조미품도 접시에 덜어 찍어먹는 것이 좋다.
- 음식을 먹는 도중에 뼈나 생선가시 등 입에 넘기지 못하는 것은 옆 사람에게 보이지 않게 조용히 종이에 싸서 버린다. 상 위나 바닥에 그대로 버려서 더럽히지 않도록 한다.
- 너무 서둘러 먹거나 지나치게 늦게 먹지 않고 다른 사람들과 보조를 맞춘다. 어른과 함께 먹을 때는 먼저 어른이 수저를 내려놓은 다음에 따라서 내려놓도록 한다.
- 음식을 다 먹은 후에는 수저를 처음 위치에 가지런히 놓고, 사용한 냅킨은 대강 접어서 상 위에 놓는다.

4) 양식 기본 썰기 용어

양식에서 채소는 단독으로 또는 요리의 곁들임 재료로 사용된다. 형태를 자유로이 변형할 수 있는 채소의 특징을 이용하여 요리에 알맞은 모양과 크기로 일정하게 썰어 사용해야 한다. 고르지 못하게 썬 재료는 조리시간의 차이로 인해 모양이 망가지기도 하기 때문이다.

파인 쥘리엔느 Fine Julienne

0.15×0.15×2.5~5cm 정도 크기의 막대 형태로 가늘게 채 썬 것이다.

알뤼메트 또는 미디엄 쥘리엔느 Allumette or Medium Julienne

0.3×0.3×6cm 정도 크기의 막대 형태로 채 썬 것이다.

바토네 또는 라지 쥘리엔느 Batonnet or Large Julienne

0.6×0.6×6cm 정도 크기의 막대 형태로 채 썬 것이다.

파인 브뤼누아즈 Fine Brunoise

0.15×0.15×0.15cm 정도 크기의 주사위 형태로, 정육면체 썰기 한 것이다. 채소 썰기 중 가장 작은 정육면체 형태 썰기이다.

스몰 다이스 Small Dice

0.5×0.5×0.5cm 정도 크기의 주사위 형태로, 정육면체 썰기 한 것이다.

미디엄 다이스 Medium Dice

1.2×1.2×1.2cm 정도 크기의 주사위형으로 써는 것이다.

큐브 또는 라지 다이스 Cube or Large Dice

2×2×2cm 정도 크기의 주사위 형태로, 정육면체 썰기 한 것이다. 네모 썰기, 깍둑 썰기에 해당된다. 채소 썰기 중 가장 큰 정육면체 형태 썰기이다.

페이잔느Paysanne

얇은 직육면체 형태의 모양으로 자르는 것으로, 1.2×1.2×0.3cm 정도 크기의 납작한 네모이다.

쉬포나드Chiffonade

실처럼 아주 가늘게 채 써는 것이다. 푸른잎 채소나 허브 등의 얇은 잎을 둥글게 말아서 가늘게 썬 것이다.

콩카세Concasse

가로, 세로 0.5cm 정도 크기의 정사각형으로 작게 써는 것이다. 토마토를 콩카세로 썰 때는 껍질과 즙을 제거하고 썬다.

샤토Chateau

채소를 길쭉하고 둥글게 잘라내는 것으로, 가운데가 굵고 끝부분이 가늘어지도록 다듬는 것을 말한다. 5~6cm 정도 길이의 뾰족한 타원체 모양이다.

에망세Emence

재료를 얇게 저며 써는 것으로, 슬라이스에 해당한다.

아세 / 찹핑Hacher / Chopping

채소를 곱게 다지는 것으로, 짓이기지 말고 각이 있게 다진다.

마세도앙Macedoine

가로, 세로 1.2×2cm 정도 크기의 주사위 형태로 정육면체 썰기 한 것이다. 채소를 익힌 후 자른 다음, 곁들임으로 이용하거나 샐러드나 스터핑으로 이용한다.

올리베트Olivette

가운데 부분을 둥근 올리브 모양으로 다듬어 자르는 것을 말한다. 이 방법 역시 양쪽 끝을 다듬어 뾰족하게 만드는 것으로, 썬다기보다는 다듬는다가 더 적당하다.

투르네Tourner

'돌리다, 회전하다'의 뜻으로, 버섯이나 단단한 뿌리채소, 과일 등을 돌려가며 둥글게 깎아내는 것을 말한다. 또한 달걀거품기나 주걱을 돌려가며 재료를 혼합하는 것을 '투르네'라고도 한다.

파리지엔Parisienne

채소, 과일 등을 동그란 구슬 모양으로 파내는 것을 말한다. 요리에 필요한 크기의 구슬 모양을 얻기 위해서는 필요한 크기에 맞는 볼 커터나 파리지엔 나이프를 사용하면 된다.

프랭따니에 로젠지Printanier Lozenge

가로, 세로, 두께 1×1.2×0.4cm 정도 크기의 마름모형으로 자르는 것이다.

퐁 느프Pont Neuf

크기 0.6×0.6×6cm의 막대기형으로 써는 것이다.

뤼스Russe

크기를 0.5×0.5×3cm의 짧은 막대기형으로 써는 것이다.

민스Mince

채소를 잘게 다지는 것으로 초핑Chopping보다 작은 크기이다, 육류를 찧거나 다질 때도 사용하는 용어이다.

캐롯비시Carrot Vichy

0.7cm 정도의 두께로 둥글게 썬 다음, 가장자리를 비스듬하게 잘라낸 형태이다.

롱델Rondelle

당근이나 오이, 호박처럼 둥근 채소를 1cm 미만의 두께로 자르는 것이다.

03 식재료 손질

1) 조리 도구를 이용한 식재료 손질

감자 매시Potato Mash

물에 소금을 넣어 감자 삶을 준비를 한다.

감자 표면의 흙과 불순물을 닦은 후 삶아낸다.

삶은 감자의 껍질을 벗겨낸다.

포테이토 매셔Potato Masher 도구를 이용하여 감자를 으깬 다음 우유, 버터, 소금, 후추 등을 넣고 고루 섞는다.

짤주머니와 모양깍지를 준비한다.

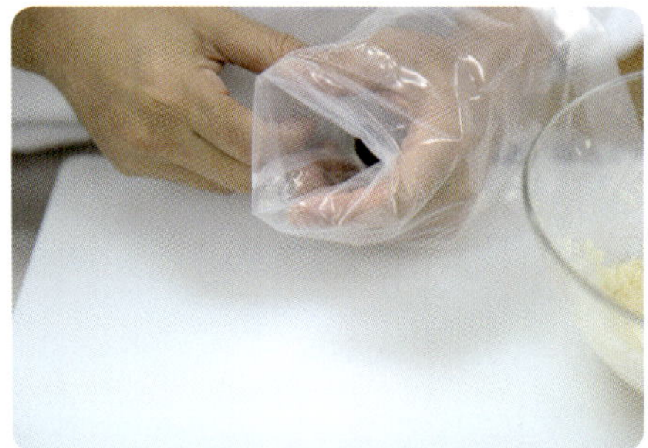

일회용 짤주머니 안에 모양깍지를 넣고 안쪽에서 바깥쪽으로 접어 감자를 채워 넣는다.

짤주머니 윗부분을 묶고 접시에 짜주면서 모양 있게 만든다.

스쿠프Scoop를 이용할 경우 감자를 힘 있게 채워 넣는다.

스쿠프에 담은 감자를 접시에 담는다.

포테이토 라이서Potato Ricer를 이용할 경우 감자를 도구에 채워 준비한다.

포테이토 라이서에 감자를 채워 위에서 아래로 눌러 감자가 옆으로 새어나가지 않도록 한다.

채운 감자를 힘 있게 눌러 내려 준비한다.

특성 감자를 삶아 우유나 생크림으로 농도 조절을 잘 맞추어야 용도에 맞는 감자매시를 만들 수 있다.

에그 슬라이스Egg Slice

소금을 넣은 물에 달걀을 넣고 젓가락으로 저어주어야 달걀노른자가 가운데에 오게 된다.

삶은 달걀의 껍질을 벗겨 슬라이서 위에 올려놓는다.

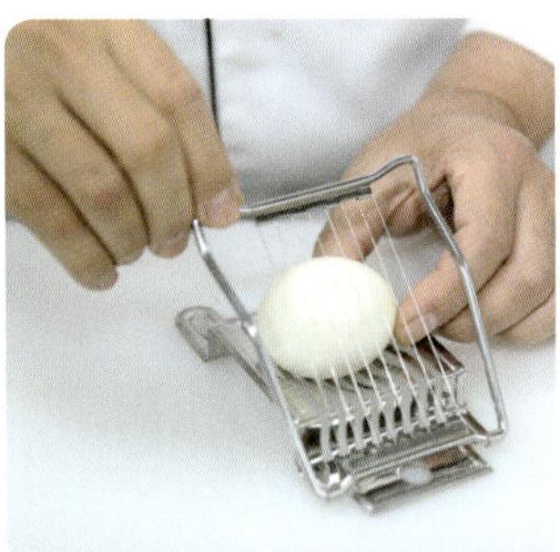

슬라이서 가운데에 달걀을 넣고 살며시 내린다.

슬라이서를 밑부분 끝까지 내려 자른다.

자른 달걀을 요리에 사용한다.

특성 슬라이서가 준비되어 있지 않으면 칼로 자를 수 있으나 단면이 불규칙하게 되고, 슬라이서에 양송이를 자르기도 한다.

달걀흰자 거품내기

달걀노른자와 흰자를 분리한다.

거품기를 이용하여 한쪽 방향으로 저어준다.

중간중간 거품이 잘 만들어지는지 확인한다.

믹싱볼을 들어올렸을 때 흐르지 않는 정도까지 저어주어야 한다.

특성 흰자 거품은 조금 빠른 속도로 만들어야 거품이 가라앉지 않고 형태를 유지한다.

멜론 볼러 / 볼 커터Melon Balle r/ Ball Cutter / Parisian Scoop

동그란 모양의 파리지엔 나이프를 준비한다.

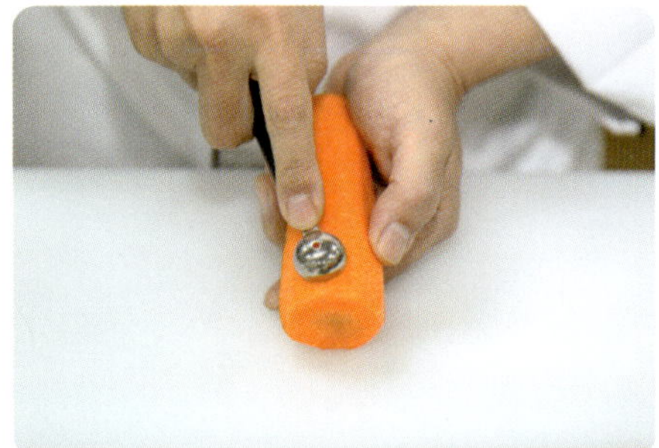

검지에 힘을 주고 나이프 끝부분을 채소에 밀착시킨다.

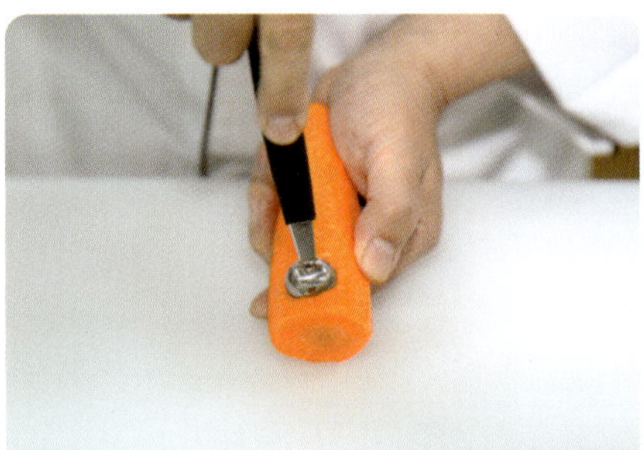

나이프 앞부분을 채소에 힘 있게 눌러 넣는다.

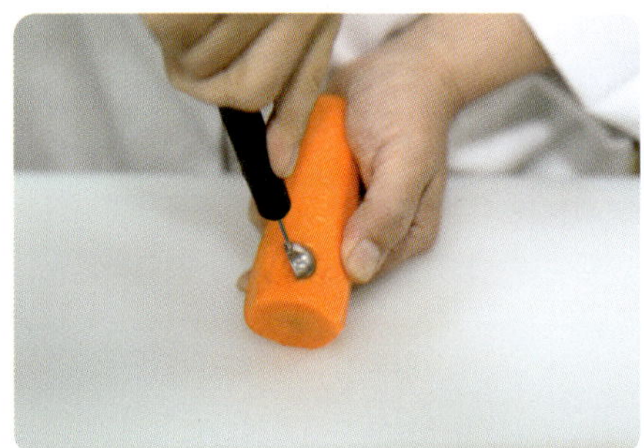

왼쪽 방향으로 회전시켜 힘 있게 눌러 넣는다.

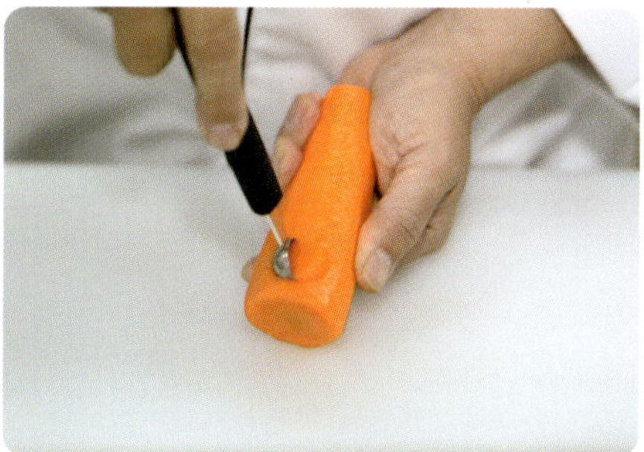

반대편 오른쪽 방향으로 회전시켜 힘 있게 눌러 넣는다.

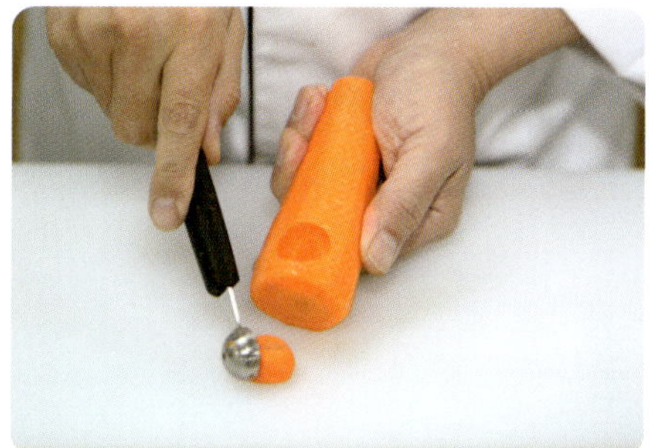

동그란 모양으로 파서 빼낸다.

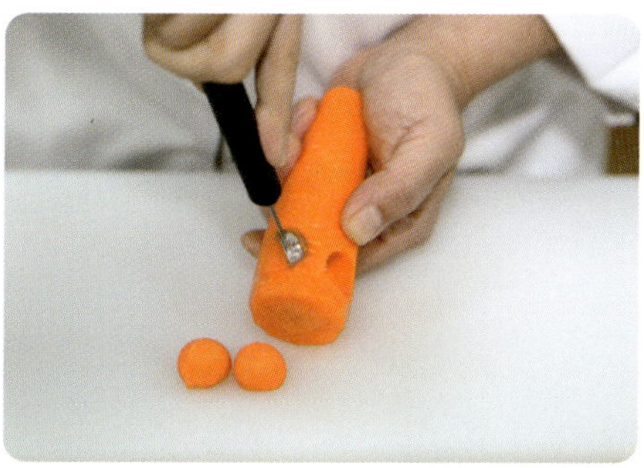

같은 형태의 반복 작업으로 만들어 본다.

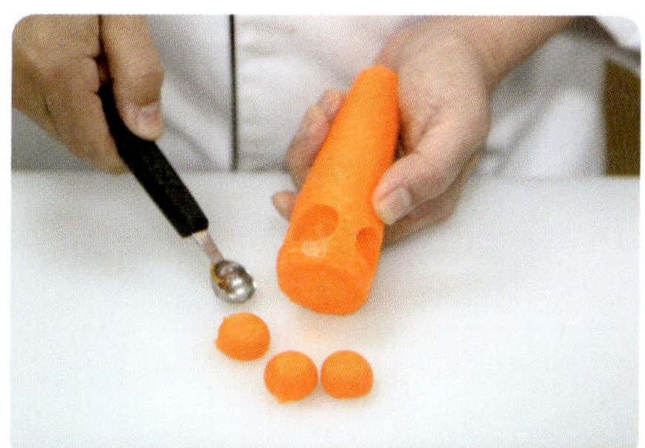

채소를 돌려가며 여러 개 만들 수 있다.

특성 당근, 감자, 호박, 무, 비트, 가지, 고구마 등 여러 가지 채소를 동그란 모양으로 만들 수 있다.

꿀 뜨기Honey Ladle

꿀을 뜰 수 있는 도구를 준비한다.

꿀 뜨는 도구에는 사이사이 공간이 있어 꿀을 떠낼 수 있다.

특성 꿀을 뜨기 위해서는 일반적인 스푼보다는 전용도구를 사용하면 보다 쉽게 뜰 수 있다.

버터 스크레이퍼Butter Scraper

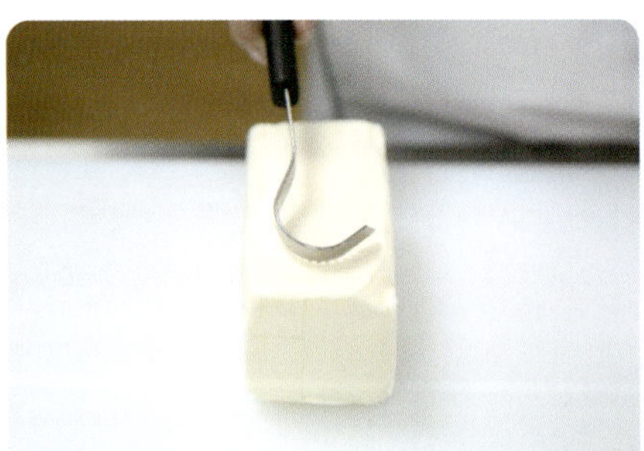

덩어리 버터를 실온에 보관하여 부드럽게 만들어 놓는다.

버터 위에 버터 스크레이퍼를 올려 약 2㎜ 정도 두께로 긁어, 원형으로 말리도록 만들어 준다.

덩어리 버터를 실온에 보관하여 부드럽게 만들어 놓는다.

버터 위에 버터 스크레이퍼를 올려 약 2㎜ 정도 두께로 긁어 원형으로 말리도록 만들어준다.

CHEF NOTE

정제버터(Clarified Butter)를 사용해야 하는 이유

버터는 지방, 단백질, 물이 혼합되어 있어, 버터를 정제하면 지방 이외의 다른 것을 모두 제거하게 된다. 순수한 지방을 쓰게 되면 더 높은 온도에서 조리를 하면서도 음식을 태우지 않을 수 있다. 프라이팬에서 가열을 하게 되면 버터에 있는 단백질은 120℃ 이상이 되면 연기를 내며 갈색으로 변화한다. 이것을 방지하려면 200℃ 근처에서 연기를 내기 시작하는 오일로 대체할 수 있다.

특성 버터는 1인분 분량으로 접시에 담아 손님께 빵과 함께 제공하는데, 시중에서 파는 1회용 Portion Butter보다는 직접 손수 만들었다는 서비스 개념의 의미가 있다.

자몽 나이프Grapefruit Knife

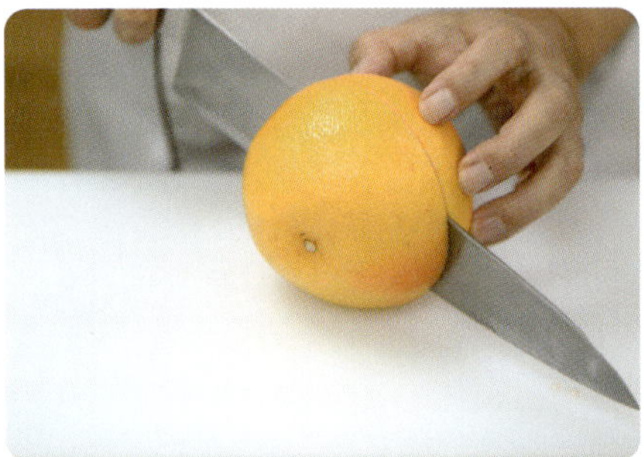

자몽의 가운데 부분을 꼭지 부분과 수평이 되도록 자른다.(꼭지 부분으로 자르지 않도록 주의한다.)

자몽 나이프를 준비한다.

자몽 나이프는 원래 칼이 휘어져 있어 둥근 부분을 이용해 사용한다.

자몽 속살만 다듬어 분리해낸다.

속살만 모두 분리한다.

속살에 칼집을 넣고 그대로 제공한다.

이해를 돕기 위해 속살을 모두 빼낸 상태이다.

특성 자몽 1개로 반을 잘라 2개를 만들 수 있으며, 1인분에 1개를 사용하고 사용 용도는 조찬이나 식전에 손님께 제공한다.

애플 코러Apple Corer

사과의 꼭지 부분 양쪽을 잘라낸다.

애플 코러 조리 도구를 준비한다.

애플 코러를 사과 가운데 씨 부분에 밀착시킨다.

가운데 씨 부분에 힘있게 눌러 넣는다.

씨 부분을 빼내 애플 코러 가운데 부분에 있는 빈 공간으로 씨 부분이 보인다.

애플 코러에서 사과 씨 부분이 쉽게 제거된다.

가운데 씨 부분이 제거되었으면 사과를 원형 링으로 썰어 놓는다.

링으로 썰어 놓은 사과 단면이다.

특성 사과를 원형으로 잘라, 말리거나 튀김조리를 할 때 손쉽게 만들 수 있는 방법이다.

치즈 그레이터Cheese Grater

단단한 경질치즈인 파미지아노 치즈나, 그라나 파다노치즈를 준비한다.

치즈 그레이터를 준비하고 접시에 올린다.

치즈를 그레이터에 갈아 놓는다.

특성 치즈 그레이터는 음식에 직접 넣기도 하고 장식으로 음식 위에 뿌리기도 하며, 치즈 튀일을 만들어 사용하기도 한다.

밀가루 체에 내리기Flour Sifter

밀가루나 설탕, 소금 등은 계량컵에 담아 윗면이 수평이 되도록 깎아 담는다.

밀가루 내리는 전용 체Sifter를 준비해서 밀가루를 채워 넣는다.

손잡이를 움직여 밀가루를 체에 내려준다.

두 번 정도 내려주어야 입자가 모두 균일하게 만들어진다.

전용 체가 없을 경우, 일반적인 체도 사용이 가능하다.

특성 밀가루의 거친 입자를 그대로 사용하고 싶은 경우에는 한 번만 체에 걸러 사용이 가능하나, 보통은 두 번 이상 걸러내는 방법이 좋다.

고기 두들기기

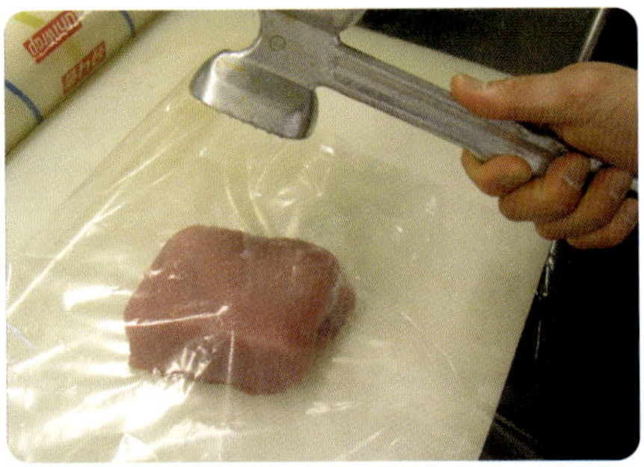

돼지고기를 두들기기 전에 랩이나 비닐을 준비하는데, 넓게 두들길 경우에는 비닐이 좋다.

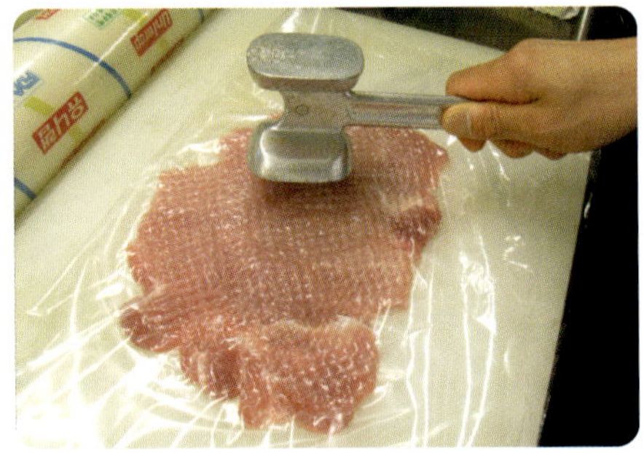

고기 아래와 위쪽에 비닐을 덮고 미트 텐더라이저Meat Tenderizer로 살살 두들긴다.

소고기도 두들기기 전에 랩이나 비닐을 준비한다.

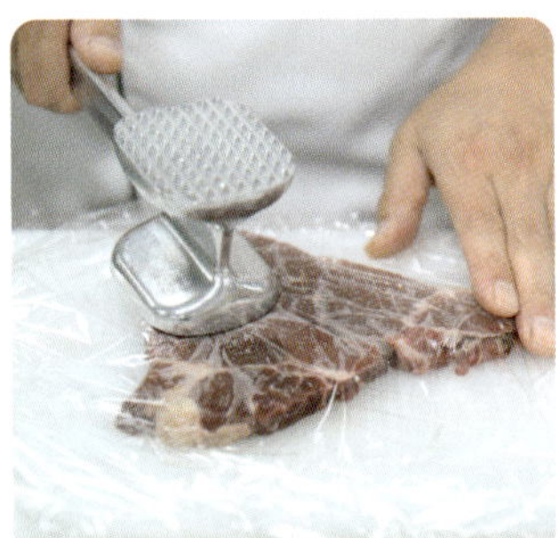

고기 아래와 위쪽에 비닐을 덮고 미트 텐더라이저로 살살 두들긴다.

고기를 손질하고 나서 바로 소금, 후추, 오일, 허브 등으로 마리네이드를 한다.

특성 돼지고기는 재료를 두들겨 펴서 말이를 할 때 주로 사용되며, 소고기는 얇게 저미거나 펴서 많이 사용한다.

오렌지 제스트Orange Zest

오렌지 제스터를 전용 도구로 이용하기 위해 오렌지를 깨끗하게 씻어 준비한다.

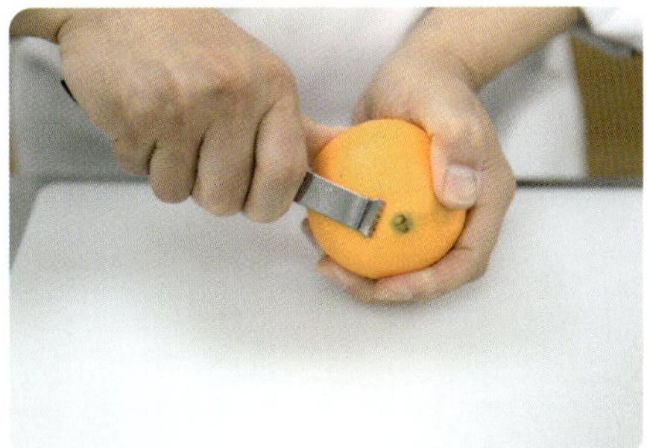

오렌지 제스터를 오렌지에 밀착시킨다.

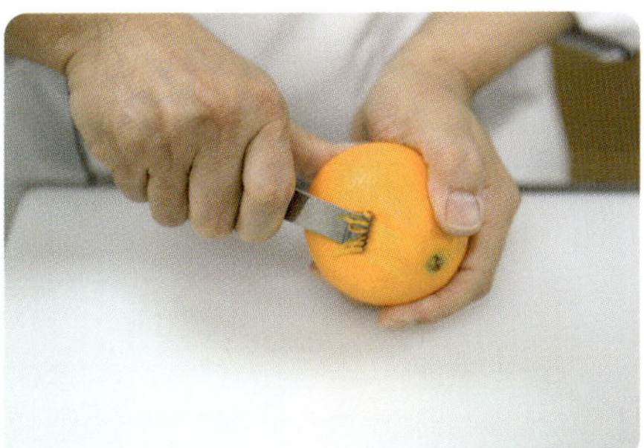

오른손에 힘을 주고 오렌지껍질 방향으로 눌러 긁어내린다.

반복적으로 오렌지껍질 방향으로 눌러 긁어 내리면 껍질만 슬라이스 되어 만들어진다.

특성 오렌지, 레몬, 라임, 자몽 등으로 제스트를 만들 수 있다.

사과 돌려 깎기 Turning Cut Apple

사과의 양쪽 끝을 수평이 되게 자른다.

사과를 왼손으로 잡고 꼭지 부분이 엄지손가락에 오도록 잡는다.

오른손에 칼을 잡고, 검지에 두 번째 마디가 회전축의 중심점으로 생각하고 천천히 회전시킨다.

한쪽 방향 일정한 모양으로 회전시켜 깎아준다.

처음부터 끝까지 회전 중심축을 움직이지 않게 하고 손목만을 움직여 사과를 돌려깎기 한다.

사과 돌려 깎기가 완성된 모양이다.

연습이 필요한 경우, 달걀을 잡고 꾸준히 반복하면 가능하다.

특성 사과나 감자의 수량이 많을 때 시간을 절약하기 위한 방법이지만, 버려지는 부분이 많아 권장하지는 않는다.

퀜넬(커넬) 만들기Make a Quenelle

퀜넬(커넬) 전용 스푼은 타원형으로 길게 되어 있는 것으로 준비한다.

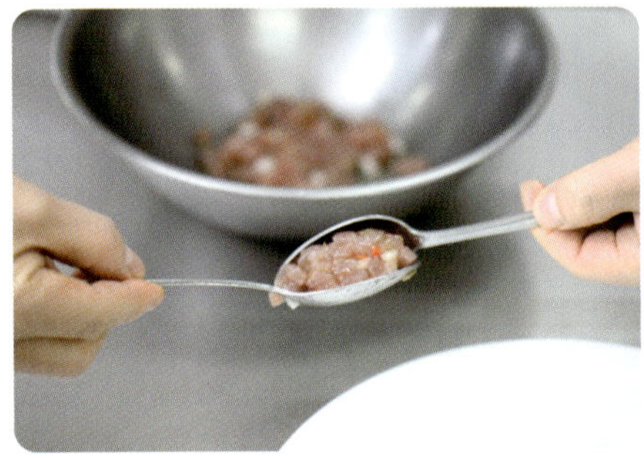

생선으로 퀜넬을 만들 경우, 몸 바깥쪽에서 안쪽으로 들어올리듯이 반복해서 만든다.

접시에 담을 경우 부서지지 않도록 살살 잘 놓아야 한다.

생선이나 다른 재료에 크림을 넣어 부드럽게 반죽을 만들어 럭비공 모양으로 만든다.

반복적으로 럭비공 모양으로 만드는데, 면은 삼면이 되도록 해야 한다.

생선이나 고기를 갈은 무스의 형태는, 스톡에 넣어 떠오르면 익은 것이다.

특성 퀜넬(커넬)은 생선 또는 고기 같은 것에 달걀과 크림 등을 넣어 부드럽게 만든 반죽을 스푼을 이용하여 럭비공 모양으로 만들어 스톡에 넣어 익혀내는 것이다.

프라이팬 연습Frypan Practice

프라이팬에 생쌀을 한 줌 넣는다.

팬의 앞쪽으로 가져가서 당기기 연습을 시도한다.

뒤집어지는 연습을 반복적으로 하는데, 이 때 쌀이 팬 밖으로 나오지 않게 연습한다.

계속해서 연습이 필요하다.

특성 처음 연습하게 되면 쌀이 팬 밖으로 나오면서 쉽지 않지만, 반복해서 연습을 하면 좋아진다.

2) 채소Vegetable 손질하기

가지 손질하기Trimming Egg Plant

가지를 깨끗이 씻어 원형으로 썬다.

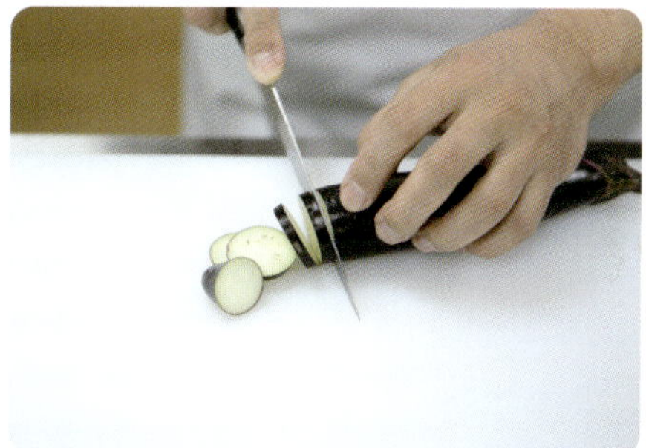

두께 3㎜ 정도로 일정하게 썰어낸다.

어슷 썰기로 일정하게 썰어낸다.

어슷 썰기한 가지를 반달형으로 썰어낸다. 길이 방향으로 길게 썰어 장식용으로도 사용이 가능하다.

길게 썰어 여러 가지 응용도 가능하다.

보관 방법 랩으로 싸서 비닐봉지에 넣어 냉장보관을 한다. 열을 가하면 냉동보관도 가능하다.

감자 손질하기Trimming Potato

감자의 표면을 깨끗하게 씻어 준비한다.

둥근 한쪽면의 끝 부분을 수직으로 자르고, 반대편도 같은 방법으로 자른다.

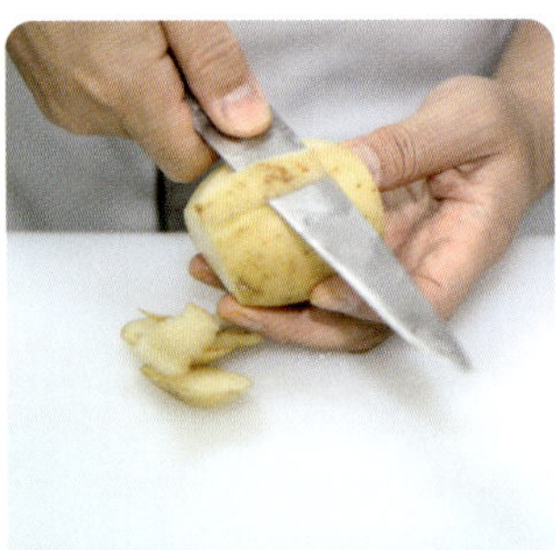

가운데 껍질 부분을 칼로 벗기듯이 자른다.

껍질을 벗긴 감자는 갈변방지를 위해 냉수에 담근다.

용도에 맞게 자른다.

① 보일드 포테이토Boiled Potato

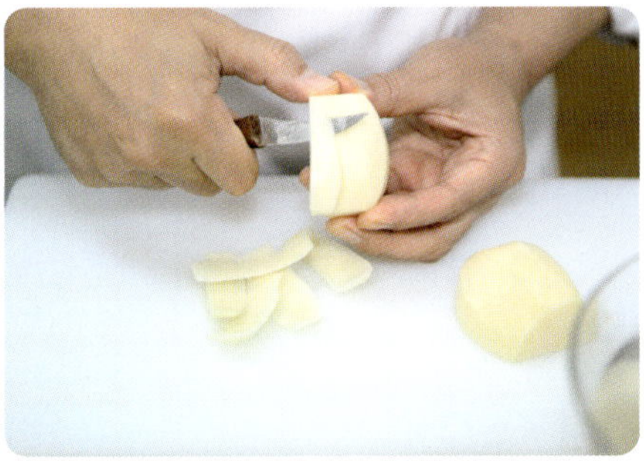

자른 감자의 모서리 부분을 프티 나이프 또는 패어링 나이프Paring Knife로 둥글게 다듬는다.

모서리 부분을 돌려가면서 둥글게 다듬는다.

완성된 보일드 포테이토이다.

② 샤또 포테이토Chateau Potato, 올리베트 포테이토Olivette Potato

자른 감자의 모서리 부분을 프티 나이프 또는 패어링 나이프Paring Knife로 둥글게 다듬는다.

모서리 부분을 돌려가면서 둥글게 다듬는다.

완성된 샤또 포테이토이다.

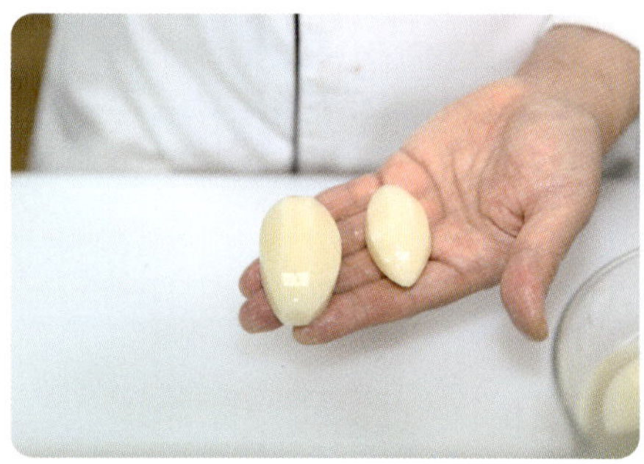

①번 보일드 포테이토Boiled Potato와 ②번 샤또 포테이토Chateau Potato 크기와 모양의 비교이다.

※ 샤토 포테이토와 올리베트 포테이토는 모양이 비슷하며, 올리베트 포테이토가 더 동그랗고 끝이 좀 더 뾰족한 럭비공 모양이다.

③ 웨지 포테이토Wedge Potato

감자를 길게 반으로 썬다.

길게 웨지 모양으로 자른다.

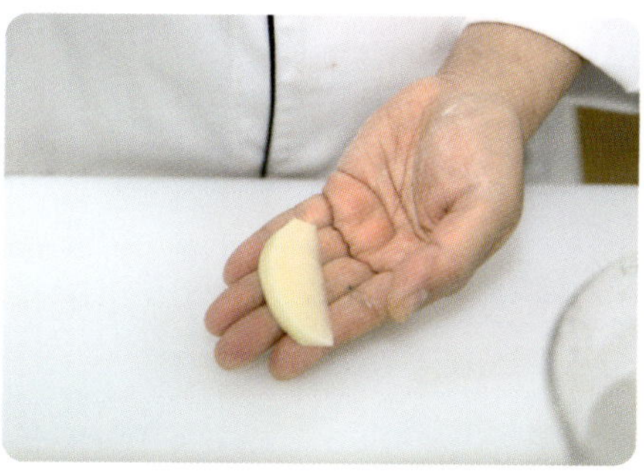

완성된 웨지 포테이토이다.

④ 리오네이즈 포테이토Lyonnaise Potato

원기둥 형태의 감자를 만들기 위해 옆면 모서리를 다듬는다.

원통형으로 썰기 위해 둥근 형태로 돌려 깎는다.

원기둥 형태의 감자를 0.4~0.5cm 정도로 일정하게 자른다.

⑤ 안나 포테이토Anna Potato

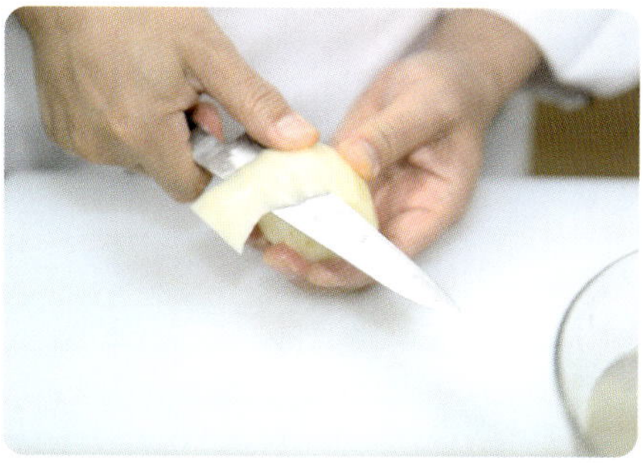

원통형으로 썰기 위해 둥근 형태로 돌려 깎는다.

원기둥 형태의 감자를 지름 3cm, 두께 0.2cm 정도로 일정하게 자른다.

일정하게 자른 원기둥 모양의 감자를 동그란 모양으로 돌려가며 겹겹으로 쌓아 익힌다.

각 감자 모양의 비교이다.

보관방법 종이봉지에 넣거나 신문지에 싸서 통풍이 잘되는 서늘하고 그늘진 곳에 보관한다. 싹이 트는 것을 방지하기 위해 사과와 함께 보관하면 좋다.

고구마 손질하기Trimming Sweet Potato

고구마에 붙어있는 흙이나 이물질을 깨끗하게 씻어 준비한다.

필러Peeler로 벗겨내는 방법이다.

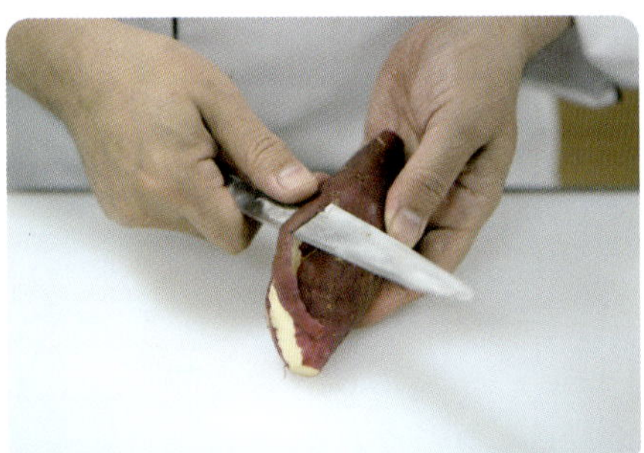

칼로 껍질을 벗길 때는 다칠 수 있으므로 조심한다.

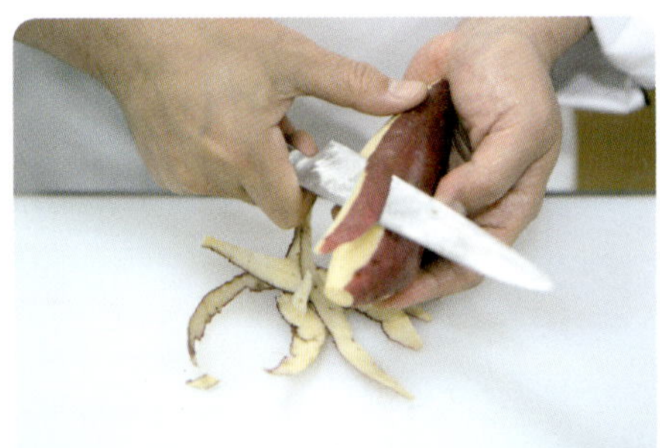

껍질을 칼로 벗겨낸다.

껍질을 벗긴 고구마는 찬물에 담가 변색을 방지시킨다.

껍질을 벗겨 길이로 반을 자른다.

웨지 형태로 잘라 각진 모서리 부분을 제거한다.

스틱 형태로 썰어 놓는다.

보관 방법 신문지에 싸서 서늘하고 그늘진 곳에 보관한다. 사용하고 남은 것은 랩으로 싸서 냉장보관 한다. 저온에 약하기 때문에 빨리 사용해야 한다.

꼬마당근 손질하기Trimming Baby Carrot

꼬마당근을 깨끗이 씻어 준비한다.

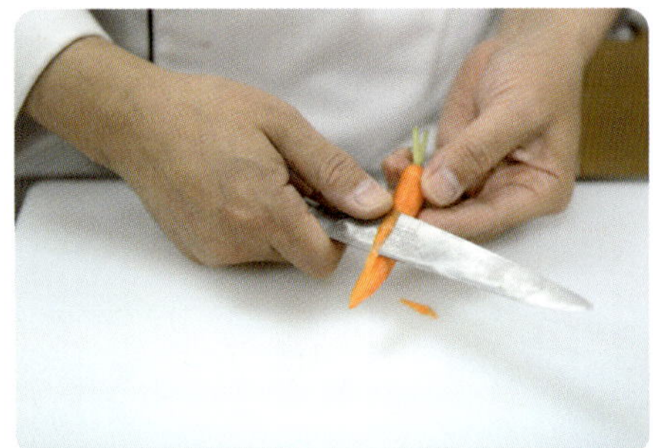

밑부분부터 칼로 껍질을 벗겨낸다. 수량이 많으면 필러Peeler로 벗겨낸다.

껍질 부분을 얇게 벗겨낸다.

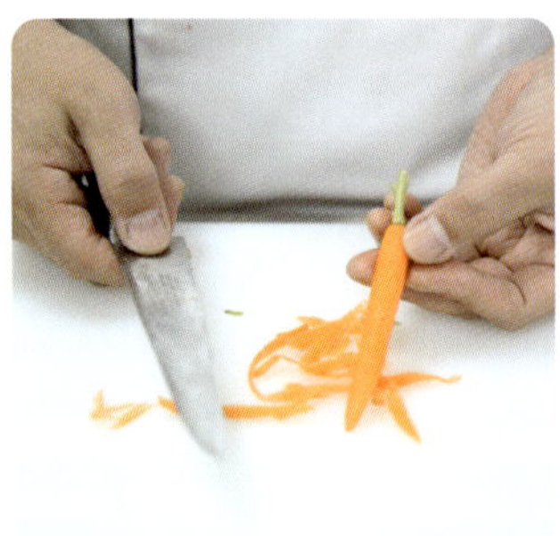

전체적으로 얇게 벗겨낸다.

껍질을 벗겨낸 꼬마당근이다.

보관 방법 꼬마당근의 잎이 싱싱하면 같이 사용해도 좋다. 신문지에 싸서 비닐봉지에 담아 냉장보관 한다.

당근 손질하기Trimming Carrot

당근을 깨끗이 씻어 필러Peeler로 껍질을 제거한다.

위쪽 부분은 1cm 정도의 크기로 잘라낸다.

필요한 크기만큼 잘라 사용한다.

① 알류메트 또는 미디엄 쥘리엔느Allumette or Medium Julienne

당근을 세워 0.3㎜로 썰어낸다.

0.3×0.3×6cm 정도 크기의 막대 형태로 썰어낸다.

② 브뤼누아즈Brunoise

두께 0.3cm로 막대 형태로 썰어낸다.

0.3×0.3×0.3cm 정도 크기의 주사위 형태로 썰어낸다.

③ 스몰다이스Small Dice

브뤼누아즈보다 조금 크게 자른다.

두께 0.5cm로 막대 형태로 썰어낸다.

0.5×0.5×0.5cm 정도 크기의 주사위 형태로 썰어낸다.

④ 바토네 또는 라지 쥘리엔느Batonnet or Large Julienne

막대 형태로 썰기 위해 0.6cm 두께로 썰어낸다.

막대 형태로 자른다.

0.6×0.6×6cm 정도 크기의 막대 형태로 썰어낸다.

⑤ 마구 썰기

한식이나 중식 식재료로 많이 이용되며, 한 입 크기로 작고 각이 있게 써는 방법이다.

주로 조림이나 찜에 이용된다.

⑥ 당근 스틱Stick

당근을 길이로 등분한다.

스틱 길이는 10~13cm 정도가 좋으며, 원통형을 6등분이나 4등분한다.

등분한 당근의 씨 부분을 잘라낸다.

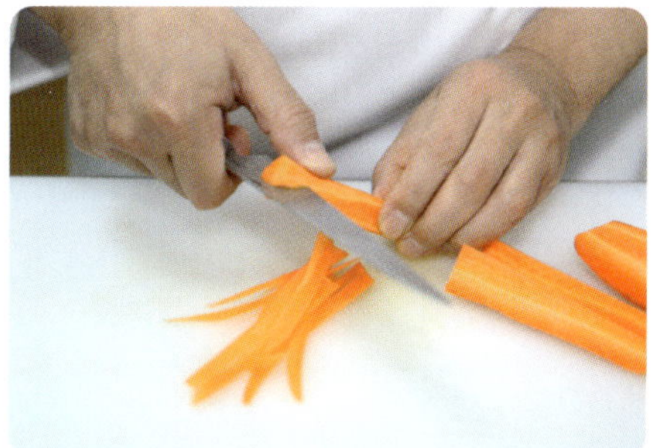

등분한 당근의 모서리 부분을 다듬어준다.

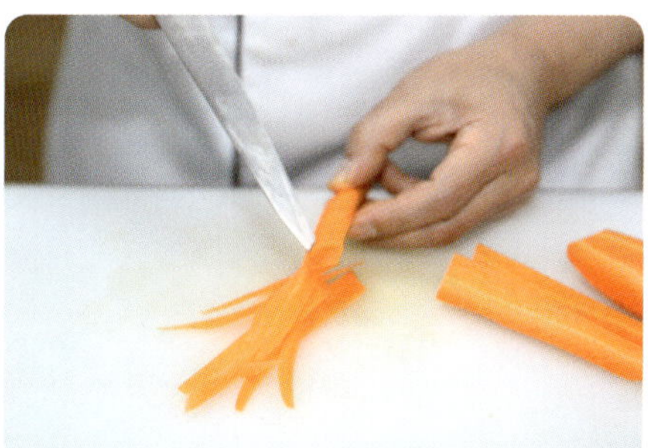

모양을 스틱 형태로 만든다.

스틱은 여러 가지 채소와 함께 생으로 사용한다.

⑦ 당근 샤토Chateau

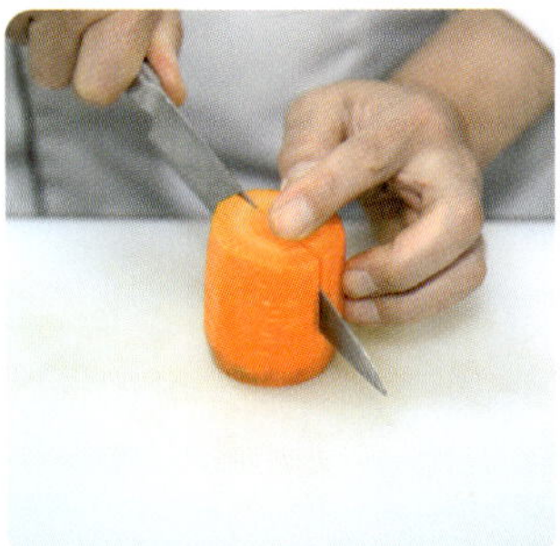

당근을 길이 5~6cm 길이로 4 등분한다.

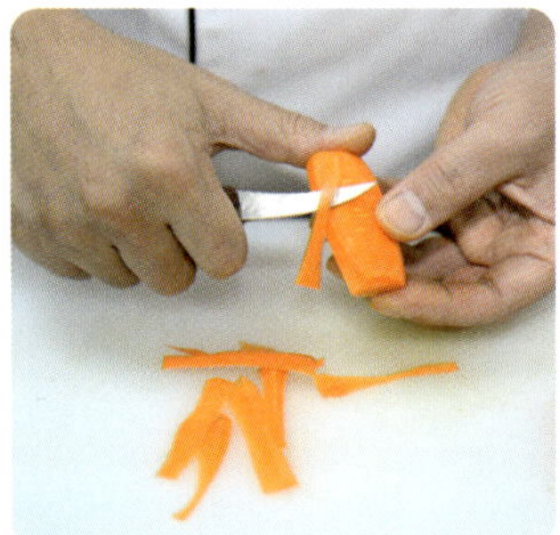

가운데 씨 부분을 잘라내고 모서리 부분을 다듬어준다.

길쭉하고 둥글게 다듬어주는 것으로 타원형 모양이다.

⑧ 당근 올리베트Olivette

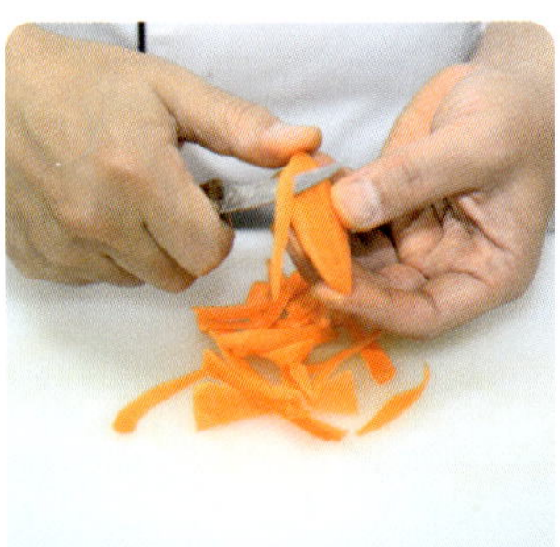

가운데 씨 부분을 잘라내고 모서리 부분을 다듬어준다.

샤토보다 조금 작은 크기로 4cm 정도로 다듬어준다.

샤토와 올리베트 크기의 비교 사진이다.

⑨ 롱델Rondelle

당근을 원형으로 둥글게 1.2cm 두께로 자른다.

둥근 모서리 부분을 다듬어준다.

다듬어준 롱델이다.

⑩ 캐럿 비시Carrot Vichy

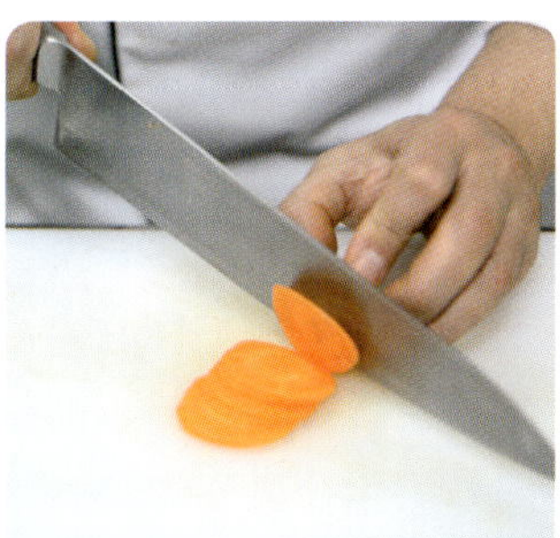

당근 롱델과 비슷하나 두께가 1cm 미만이다.

두께가 얇으면 모서리 부분을 다듬어주지 않아도 사용이 가능하다.

여러 가지 모양의 당근을 손질한 것이다.

보관 방법 신문지에 싸서 비닐봉지에 넣어 냉장보관 한다.

대파 손질하기 Trimming Leek

대파를 깨끗이 씻어 준비한다.

대파 흰 부분을 5cm 길이로 자른다.

자른 대파를 길이로 반으로 자르고 채를 썰어낸다.

대파 파란 부분도 같은 방법으로 채로 썰어낸다.

대파 흰 부분과 파란 부분을 따로 일정하게 자른다.

대파를 큐브 다이스로 썰기 위해 길이로 썰어 반으로 자른다.

반으로 자른 대파를 2cm 넓이로 썰어낸다.

반으로 자른 대파를 2×2cm 정도 크기의 사각형 형태로 썰어낸다.

큐브 또는 라지 다이스Cube or Large Dice로 썰어낸다.

손질한 대파를 어슷 썰기로 썰어낸다.

여러 가지 모양의 대파 재료 손질이다.

보관 방법 신문지에 싸서 냉장보관 한다. 자른 것은 랩에 싸서 냉장보관이나 오랜 시간동안 냉동보관도 가능하다.

라디치오 손질하기Trimming Radicchio

겉잎에 탄력과 윤기가 있는 라디치오를 준비한다.

끝쪽 심부분을 칼로 자른다.

끝부분을 칼로 자르고 나면 한 잎씩 분리가 되기 때문에, 나머지 부분은 손으로 뜯어 자른다.

손으로 뜯어 한 입 크기로 자른다.

라디치오는 부드러운 잎을 가지고 있어, 손으로 뜯어서 손질한다.

보관방법 젖은 키친타월에 감싼 다음 비닐봉지에 넣어 냉장고에 보관한다. 쌉쌀한 맛을 내는 인티빈(Intybin) 성분이 들어있는데, 이 성분은 소화를 촉진시키지만 가열하면 쓴맛을 증가시켜 생으로 먹는 것이 좋다. 샐러드나 다른 요리의 장식용으로 사용한다.

레디쉬(적무) 손질하기 Trimming Radish

레디쉬를 물에 씻어 준비한다.

잎이 붙은 쪽을 잘라낸다.

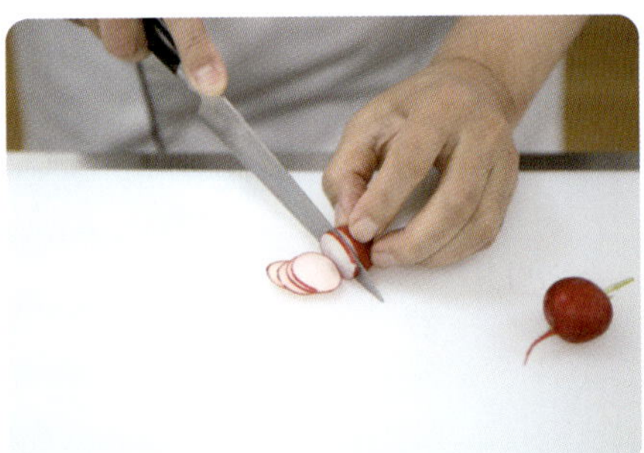

원형으로 일정하게 썰어낸다.

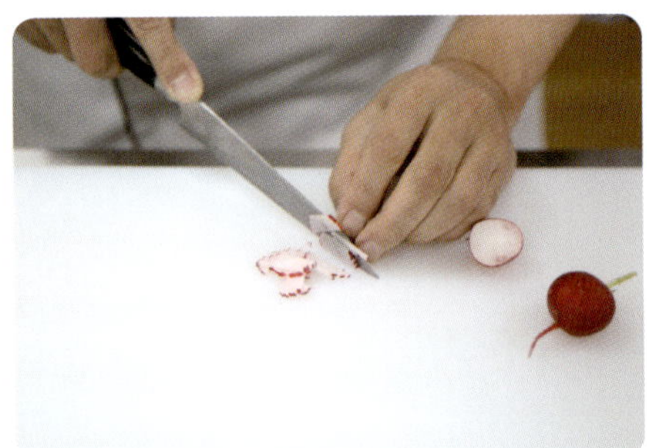

원형으로 썰은 레디쉬를 채로 썰어낸다.

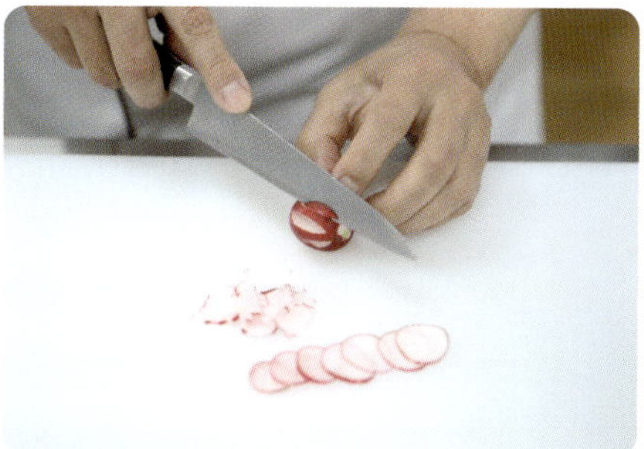

레디쉬 자체에 칼집을 만들면 장식용으로 사용이 가능하다.

CHEF NOTE

레디쉬로 조각 모양 만들기

레디쉬의 겉면은 빨강색이나 속살은 보통의 흰색 무와 같은 색이기 때문에, 물결 모양이나 홈을 파내면 색다른 모양을 만들어 장식용으로 사용할 수 있다.

보관 방법 신문지에 싸서 비닐봉지에 넣어 냉장보관 한다.

레몬 손질하기 Trimming Lemon

레몬 표면을 씻어 원통형으로 2mm 정도로 슬라이스 한다.

일정한 간격으로 썰어 놓는다.

썰어 놓은 레몬에 씨가 있으면 골라내고, 가운데 부분부터 바깥쪽으로 칼집을 낸다.

칼집을 내고, 반대 방향으로 비틀듯이 놓아 모양을 만든다.

웨지Wedge 모양으로 썬다.

레몬 제스트Zest를 칼로 썰어, 만들려면 안쪽 흰색 부분을 모두 제거한다.

안쪽 흰색 부분을 제거한 레몬 껍질을 얇게 썰어 놓는다.

팬에 버터, 설탕, 스톡을 조금 넣고 볶아 레몬 제스트를 만든다.

보관방법 자르지 않은 통째로 보관하는 것이라면, 통풍이 잘되는 서늘한 곳이나 비닐봉지에 넣어 냉장보관 한다. 자른 것은 랩으로 덮어 냉장보관 한다.

로메인 상추 손질하기 Trimming Romaine Lettuce

로메인 상추는 찬물에 담가 싱싱하게 준비한다.

뿌리 부분을 손으로 뜯어낼 수 있다.

쉽게 손으로 뜯기 위해 뿌리 부분을 잘라낸다.

뿌리 부분을 잘라내고 다시 손으로 뜯어낼 수 있다.

보관방법 젖은 키친타월에 싼 다음 비닐봉지에 넣어 냉장보관 한다.

마늘 손질하기 Trimming Garlic

마늘을 편으로 썰기 위해 옆에서 칼집을 넣는다.

칼을 도마에 대고 마늘을 편으로 썰어낸다.

마늘 꼭지를 제거한다.

꼭지를 제외한 마늘을 칼로 다진다.

마늘을 칼등으로 눌러 놓는다.

칼등으로 눌러 다지거나 썰어낸다.

보관방법 망에 넣어 통풍이 잘되는 서늘한 곳에 매달아 보관하면 2개월 이상도 보관이 가능하다. 겉껍질을 벗긴 것은 랩으로 싸서 비닐봉지에 넣어 냉장보관 하며, 다진마늘은 냉동보관도 가능하다.

목이버섯 손질하기 Trimming Wood Ears Mushroom

목이버섯을 따듯한 물에 20분 정도 불려 준비한다.

단단한 꼭지 부분은 제거한다.

채나 슬라이스로 썰기를 준비한다.

채로 썰어 사용한다.

보관방법 주로 말린 목이버섯으로 유통되고 있으며, 사용할 분량만큼만 따듯한 물에 불려 사용하며, 건조시킨 목이버섯은 냉동보관이 좋다.

미나리 손질하기 Trimming Angelica

미나리를 물에 담가 씻어 준비한다.

잎 부분의 좋지 못한 부위가 있으면 제거한다.

끝부분은 잘라낸다.

미나리의 줄기 부분만 잘라 사용한다.

미나리의 줄기와 잎 부분을 분리해서 사용한다.

보관 방법 젖은 신문지에 싼 다음 비닐봉지에 넣어 냉장보관 한다.

미니양배추(브루셀 스프라우트) 손질하기 Trimming Brussels Sprouts

미니양배추를 깨끗이 씻어 준비한다.

밑쪽 뿌리 부분을 조금 잘라낸다.

겉면 좋지 못한 부분은 떼어낸다.

손질된 미니양배추는 팬에서 버터, 소금, 후추를 넣고 볶아 사용한다.

보관방법 젖은 키친타월에 싼 다음 비닐봉지에 넣어 냉장보관 한다.

새송이버섯 손질하기Trimming King Oyster Mushroom

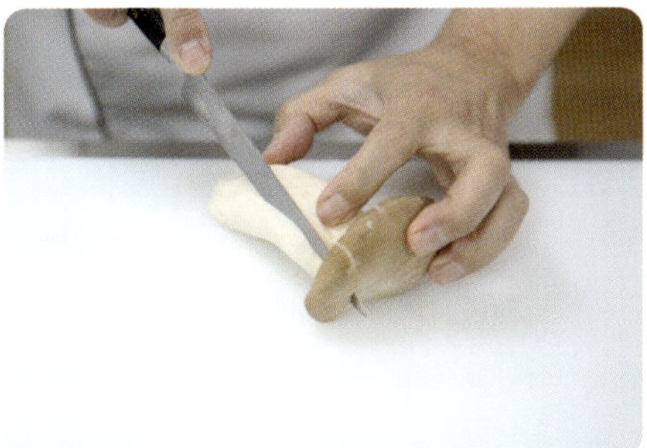

새송이버섯을 세로로 2㎜ 두께로 자른다.

슬라이스로 일정하게 자른다.

일정하게 자르고 겹겹이 쌓아 올린다.

길게 채로 자른다.

스몰다이스Small Dice로 썰어 놓는다.

보관 방법 비닐봉지에 넣어 냉장보관 한다. 냉동할 경우에는 필요한 크기로 잘라 밀폐용기에 넣어 냉동시킨다.

브로콜리 손질하기 Trimming Broccoli

브로콜리를 큰 덩어리로 준비한다.

밑쪽으로 돌려 가지 부분을 칼로 자른다.

칼로 자르고 나서, 한 입 크기보다 크면 다시 칼집을 넣어준다.

칼집을 넣고, 마지막 끝부분은 손으로 벌리듯이 자른다.

자르고 나서, 끝부분은 깨끗하게 다듬어주어야 한다.

윗부분 봉오리를 모두 자르고, 가운데 심지 부분을 모아 수프를 끓일 수 있다.

수프를 끓일 때 심지 부분의 껍질은 제거한다.

심지 부분이 넓고 크기가 크면 다른 모양으로 썰기도 가능하다.

1인분씩의 분량으로 자른 브로콜리이다.

보관 방법 생으로 보관하면 신선도가 오래가지 못하므로, 소금물에 살짝 데쳐 보관하면 3일 정도까지 보관이 가능하다.

생강 손질하기 Trimming Ginger

생강을 흐르는 물에 깨끗하게 씻는다.

씻은 다음 흙이나 이물질이 남아있는지 확인한다.

생강껍질은 칼날이나 칼등으로 긁어 제거한다.

껍질을 제거한 생강을 슬라이스로 썬다.

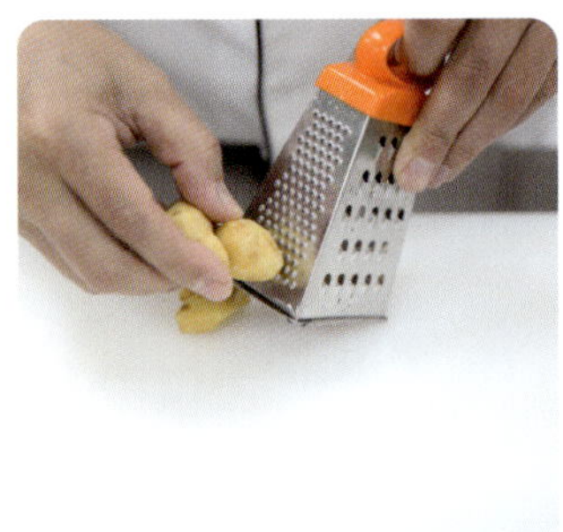

필요한 만큼 강판에 갈아 사용할 수 있다.

보관방법 신문지에 싸서 서늘하고 통풍이 잘되는 곳에 보관하며, 냉동보관도 가능하다. 육질이 단단하고 한 덩어리에 여러 조각이 울퉁불퉁 붙어있는 것이 좋은 생강이다.

석이버섯 손질하기Trimming Manna Lichen Mushroom

석이버섯을 따듯한 물에 15분 정도 불려준비한다.

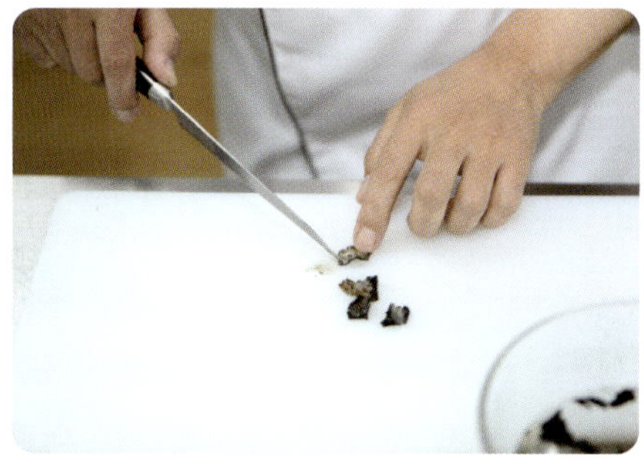

뒷면 검은색 이끼는 벗겨낸다.

꼭지를 제거한 후 채를 썰거나 다져서 사용한다.

보관 방법 주로 말린 석이버섯으로 유통되고 있으며, 사용할 분량만큼만 따듯한 물에 불려서 사용한다. 건조시킨 석이버섯은 냉동보관이 좋다.

셀러리 손질하기Trimming Celery

셀러리의 밑부분을 2cm 정도씩 자른다.

줄기를 하나씩 분리한다.

속부분까지 잘 떨어지도록 분리한다.

속부분은 섬유질 껍질을 벗겨내고 셀러리 스틱으로 만든다.

셀러리 스틱은 생으로 사용하며 다른 채소와 곁들일 수 있다.

겉부분 줄기의 섬유질 껍질을 제거한다.

제거한 섬유질 껍질과 밑부분은 스톡이나 소스에 사용한다.

잎 부분은 따로 모아 사용하거나 해산물요리의 스톡으로 사용한다.

CHEF NOTE

셀러리잎의 사용방법

주로 줄기를 사용하고 잎은 사용 빈도가 적어 폐기하는 경우가 종종 발생한다. 이럴 때 잎을 모아 해산물을 데치거나 삶을 때 미르포아에 넣으면 해산물의 새로운 맛을 경험하게 된다.

보관방법 셀러리잎은 수분을 잃기 쉬우므로 빨리 사용하는 것이 좋다. 줄기는 신문지에 싸서 비닐봉지에 넣어 냉장보관한다.

시금치 손질하기 Trimming Spinach

시금치는 흙이나 불순물이 붙어 있어 깨끗하게 씻는다.

뿌리 부분을 칼로 자른다.

크기가 일정하게 칼로 자른다.

물을 끓여 소금을 넣은 물에 시금치를 데친다.

끓는물에 넣고 바로 꺼낼 준비를 한다.

스키머를 이용해 바로 건져낸다.

얼음물 또는 냉수에 담근다.

얼음물에 충분히 담가 물기를 제거한다.

보관 방법 신문지에 싸서 비닐봉지에 넣어 냉장보관 한다.

아스파라거스 손질하기 Trimming Asparagus

아스파라거스를 깨끗이 씻어 준비한다.

밑쪽 단단한 부위는 잘라낸다.

아스파라거스 전용 필러가 준비되어 있으면 사용한다.

칼로 껍질을 벗길 때는 밑쪽부터 시작해서 벗기면 쉽게 벗겨진다.

칼로 벗길 때 두껍게 벗겨지지 않게 주의한다.

길이가 길면 잘라서 사용한다.

끓는물에 잠깐 데치고 얼음물에 담가 팬에서 볶아 사용한다.

CHEF NOTE

아스파라거스의 상식

- 아스파라거스의 껍질을 벗겨야 하나요?
  줄기에는 섬유조직이 분포하고 있어 일반적으로 껍질을 벗겨낸다. 잘라낸 껍질 부분은 채소나 닭육수에 넣거나 퓌레로 갈아 수프나 소스에 사용한다.
- 아스파라거스는 꽃이 아니다.
  우리가 먹는 부위는 꽃이 아니라 실제로는 변형된 줄기이다. 그렇기 때문에 줄기의 밑동은 나무 같은 질감이 되거나 섬유질이 많아 일반적으로 잘라내야 한다. 어느 정도까지 잘라내야 하는가의 문제의 해답은 줄기의 양 끝을 잡고 그냥 부러뜨리는 부위까지가 정답인 셈이다.

보관방법 젖은 키친타월에 싼 다음 비닐봉지에 넣어 냉장보관 한다.

애호박 손질하기 Trimming Squash

애호박을 깨끗이 씻어 준비한다.

길이 5~7cm 정도로 잘라 돌려 깎기 용도로 썬다.

원형으로 자른 애호박을 1.5㎜ 두께로 돌려 깎기 한다.

겉부분에 이어서 속부분까지 돌려 깎기 하고 씨가 있는 부위는 하지 않는다.

길이로 돌려 깎은 애호박을 3~4등분으로 자른다.

자른 애호박을 겹쳐서 정렬하여 놓는다.

겹쳐놓은 애호박을 2㎜ 간격으로 일정하게 썬다.

다른 방법으로 원형 동그란 모양으로도 썰어본다.

다른 방법으로 반달 모양으로도 썰어본다.

보관 방법 여름과 겨울의 보관방법을 다르게 한다. 여름에는 비닐봉지에 넣어 냉장고에서 보관해야 하며, 여름 이외에는 신문지에 싸서 서늘하고 그늘진 곳에 보관해야 한다. 저온에 약하므로 너무 낮은 온도에서 보관하지 않는다.

양상추 손질하기 Trimming Lettuce

양상추를 흐르는 물에 씻는다.

가운데 뿌리쪽 기둥이 있는 곳을 손질한다.

양상추 크기가 작으면 손으로 쳐도 가능하지만, 크기가 크면 딱딱한 부분에 내려치도록 한다.

밑쪽 기둥을 먼저 제거한다.

제거하게 되는 기둥 단면을 확인한다.

기둥을 제거하고 양상추를 손으로 뜯는다.

한 잎 크기로 양상추를 만든다.

작게 칼로 썰어서 사용할 수 있다.

보관방법 젖은 키친타월로 감싸 비닐봉지에 넣어 냉장고에 보관한다. 가급적 구매 후 빨리 처리한다.

양송이버섯 손질하기Trimming Mushroom

양송이를 깨끗이 씻는다.

밑쪽 기둥을 제거한다.

껍질 부분을 얇게 벗기는 방법도 좋다.

양송이를 2㎜ 정도의 두께로 슬라이스 한다.

슬라이스 한 양송이를 채로 썬다.

스몰다이스Small Dice로 썰어 놓는다.

작은 칼을 뒤쪽으로 잡고 양송이 표면에 굴곡을 만들어 양송이 플루팅Fluting 또는 투르네Tourner를 만든다.

양송이 플루팅 또는 투르네를 만들고, 가운데는 칼끝으로 눌러준다.

양송이를 손질해서 만든 모양이다.

CHEF NOTE

양송이 플루팅(Fluting) 또는 투르네(Tourner)

- 작은 칼을 이용하여 양송이 둥근 부분에 물결 모양의 홈을 파는 것을 말한다.
- 일반적인 프렌치 나이프보다는 작은 칼을 이용하는 것이 좋고, 또한 칼도 뒤집어 끝쪽을 사용하는 것이 조금 더 쉽게 만들 수 있다.

보관 방법 물기를 닦아내고 랩이나 비닐봉지에 담아 냉장보관 한다. 적당한 크기로 잘라 냉동해도 좋다.

양파 손질하기Trimming Onion

껍질이 있는 경우 찬물에 담가 불리면 껍질이 쉽게 벗겨진다.

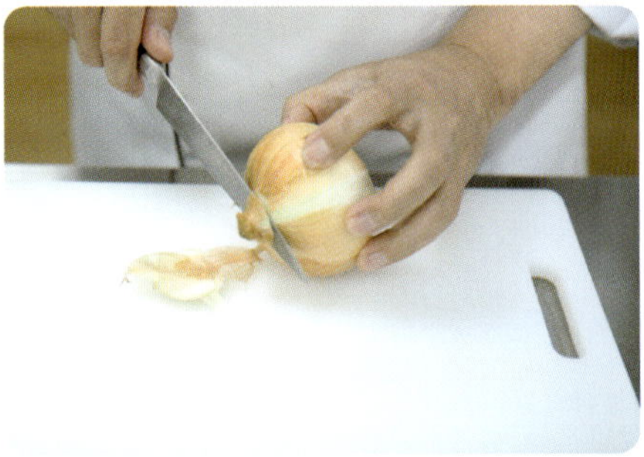

양파의 꼭지 부분을 잘라낸다.

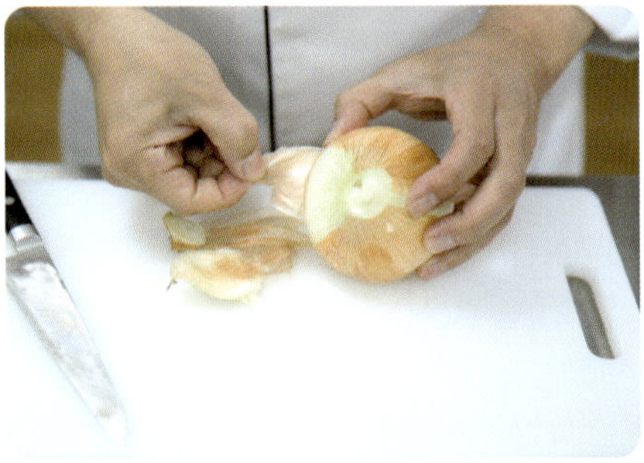

잘라낸 꼭지 부분부터 껍질을 제거한다.

원형 링으로 1cm로 썰어낸다.

원형 그대로 사용할 수 있고, 튀김이나 기타 링 모양으로 사용이 가능하다.

반으로 자른 양파를 2cm 정도의 크기로 썰어낸다.

모양이 비슷한 크기로 썰어 찜이나 탕, 볶음으로 사용이 가능하다.

양파를 반으로 자른다.

길이로 반원형이 나오도록 1mm로 썰어낸다.

양파를 반으로 잘라 끝부분만 남기고 칼집을 넣어준다.

칼을 눕혀 옆으로 칼집을 넣어준다.

칼집이 들어간 곳으로 일정하게 썰어 Onion Chop을 만든다.

반으로 썰은 양파를 길게 2㎜ 두께로 썰어낸다.

여러 가지 모양의 양파 손질하기 모습이다.

보관방법 양파는 쉽게 무르는 특성 때문에 저온 보관이 좋으며, 망에 넣어 통풍이 잘되는 서늘하고 그늘진 곳에 걸어두면 2개월 이상 보관이 가능하다. 햇양파는 냉장고에서 2주일 정도 보관이 가능하다.

연근 손질하기 Trimming Lotus

연근은 연꽃의 땅속줄기로 흙이 붙어 있어 깨끗하게 씻는다.

필러Peeler로 벗겨내는 방법이다.

칼로 껍질을 벗길 때는 다칠 수 있으므로 조심한다.

둥근 형태로 5㎜ 정도로 일정하게 썰어 놓는다.

일정하게 썰은 연근이다.

연근을 자르면 폴리페놀 성분이 나와 변색되기 때문에 찬물에 담근다.

보관 방법 신문지에 싸서 비닐봉지에 넣어 냉장보관 하고, 비닐봉지는 묶지 않고 열어 놓는다. 사용하고 남은 것은 랩으로 싸서 냉장보관 한다.

양파 페이스트 만들기Onion Paste

냄비에 버터와 마늘 다진 것을 넣는다.

마늘이 타거나 색이 날 수 있어 살짝 볶는다.

썰어놓은 양파를 냄비에 넣고 볶는다.

처음 시작은 흰색에서 약간 밝은 미색으로 진행된다.

CHEF NOTE

양파 페이스트(Onion Paste) 만들기

호텔이나 레스토랑 메뉴에서 양파 수프 메뉴가 있다면 미리 만들어 놓아야 한다. 만드는 시간이 오래 걸려 필요할 때 바로 만들어 사용할 수 없기 때문에, 대부분 한 번에 많은 양을 만들어 저장했다가 사용하거나 또는 하루 필요한 양만큼만 만들어 당일 수프에 주로 사용한다.

브라운색이 나기 시작한다.

색이 점점 더 브라운색에서 갈색이 나면 계속 바닥을 저어주어야 한다.

진한 브라운색이 날 때까지 바닥에 눌러붙지 않도록 계속 저어주면서 만들어야 한다.

완성된 양파 페이스트의 모습이다.

보관방법 흰색 양파를 아주 얇게 썰어 오랜 시간 저어주면서 브라운색이 나도록 볶은 것이다.

엔다이브 손질하기Trimming Endive

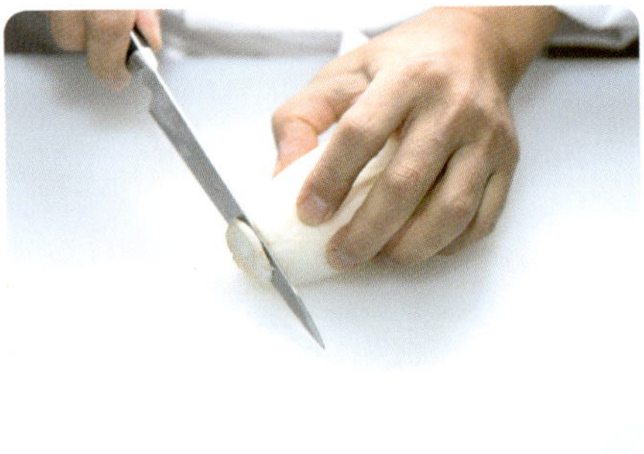

생김새가 배추 속처럼 타원형에 끝이 뾰족한 엔다이브는 끝쪽을 칼로 조금 잘라낸다.

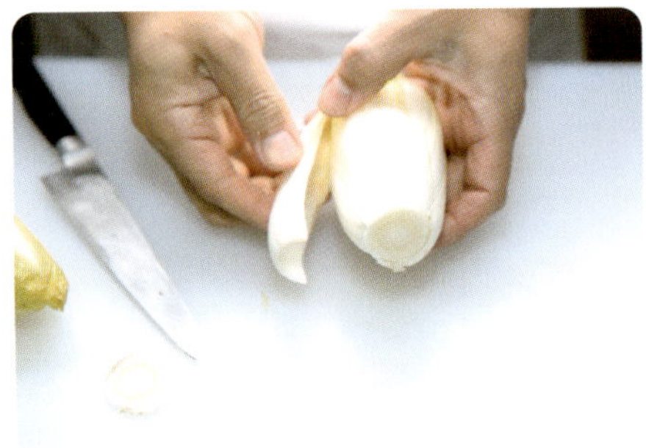

끝쪽을 잘라내면 잎이 하나씩 분리되며 떨어진다.

잎이 분리되면 다시 끝쪽을 칼로 잘라낸다.

다시 한 번 끝쪽을 잘라내면 잎이 하나씩 분리되며 떨어진다.

잎이 분리가 다되면 분리된 잎의 끝쪽 밑부분을 깨끗하게 잘라낸다.

칼로 자른 면은 변색이 되기 때문에 찬물에 씻어 놓는다.

처음 크기와 비교해 보면 같은 모양이지만 크기가 작아진다.

보관방법 젖은 키친타월이나 기름종이에 감싼 다음 비닐봉지에 넣어 냉장고에 보관한다. 주로 샐러드나 쌈으로 이용하지만 오븐에 굽거나 팬에 익혀 먹어도 좋다.

오이 손질하기Trimming Cucumber

오이를 소금으로 깨끗하게 씻어 준비한다.

오이 겉면의 돌기를 칼로 제거한다.

오이를 길이에 맞게 자른다.

오이 돌려 깎기를 위해 두께 1㎜ 정도로 끊어지지 않게 돌려낸다.

오이의 겉면을 돌리고 계속해서 속면까지 칼을 돌려낸다.

돌려깎은 오이를 도마에 올려 칼로 자른다.

칼로 채를 썰듯이 슬라이스로 자른다.

보관 방법 물기를 제거하고 신문지에 싸서 비닐봉지에 넣어 세워 냉장보관하면 좋으며, 온도가 너무 낮으면 무르거나 약해지므로 주의한다.

적양배추 손질하기Trimming Red Cabbage

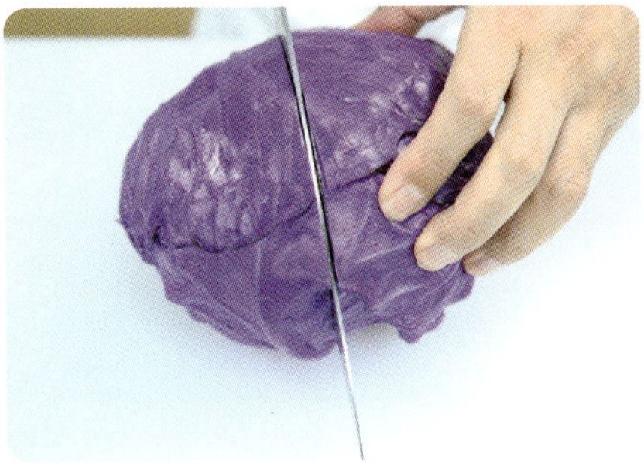

겉잎에 탄력과 윤기가 있는 적양배추를 준비한다.

가운데 부분으로 반을 자른다.

가운데 부분 심이 있는 곳을 잘라낸다.

반으로 자른 적양배추를 다시 반으로 잘라 4등분으로 자른다.

4등분한 적양배추를 칼로 슬라이스 한다.

너무 빠르게 자르게 되면, 손을 다칠 수 있어 조심하면서 슬라이스 한다.

일정하게 슬라이스 해서 주로 생으로 먹거나 피클을 만들어 먹는 것이 좋다.

보관방법

양배추와 같은 적양배추는 병이 잘 들지 않고 잘 자라며 쉽게 상하거나 물러지지 않아 저장하기 좋고, 칼슘과 비타민, 섬유질이 많아 건강에 좋다. 한 통을 구매하고 남았을 경우에는 심을 잘라내고 젖은 티슈를 심에 싸서 신문지로 덮어 비닐봉지에 넣어 냉장보관 한다.

적양파 손질하기 Trimming Red Onion

적양파는 양파보다 크기가 조금 작고 껍질이 있는 것으로 유통이 많이 된다.

껍질을 벗겨내기 위해 칼로 양쪽 면을 잘라낸다.

손으로 벗겨지면 손으로 벗겨낼 수 있다.

칼을 이용해서 껍질을 제거할 수 있다.

적양파 다지기의 모습이다.

적양파 링으로 슬라이스 해서 썰기한 모습이다.

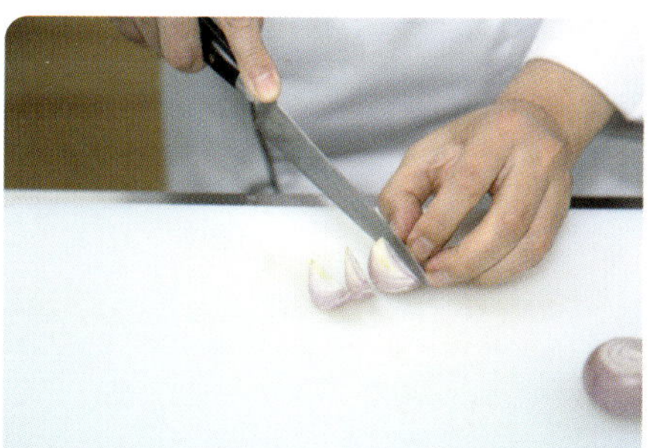

웨지 형태로 썰기이다.

손질한 적양파의 모습이다.

보관 방법 적양파는 쉽게 무르는 특성 때문에 저온보관이 좋으며, 망에 넣어 통풍이 잘되는 서늘하고 그늘진 곳에 걸어두면 2개월 이상 보관이 가능하다. 햇양파는 냉장고에서 2주일 정도 보관이 가능하다.

죽순 손질하기|Trimming Bamboo Shoot

식초와 소금을 넣은 물에 캔 죽순을 넣고 삶아지도록 데쳐낸다.

데친 죽순을 길이로 반을 자른다.

길이로 반을 자르면, 안에 들어있던 물이 나오게 된다.

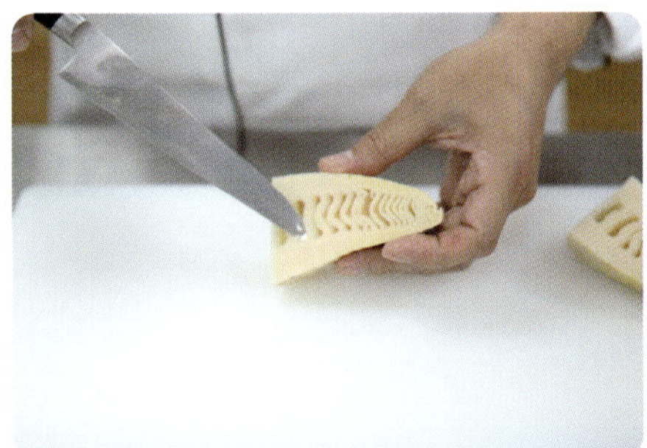

죽순 안쪽의 하얀 석회질이 보이면 제거한다.

자르기 좋은 크기로 등분한다.

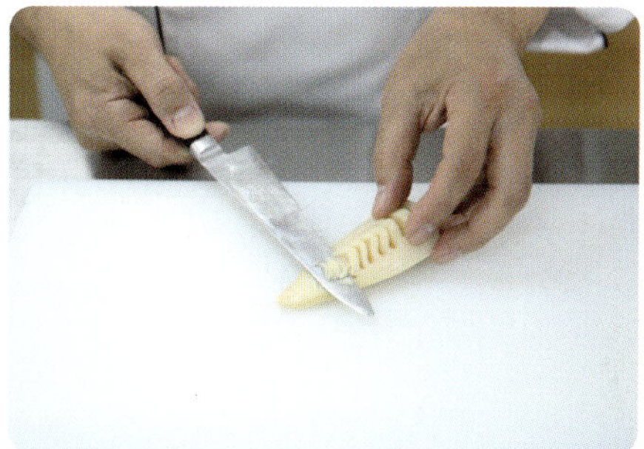

지저분하게 보이는 안쪽 돌기는 제거해도 상관이 없다. **(선택사항)**

안쪽 돌기를 제거한다.

비슷한 크기로 잘라 사용한다.

보관 방법 죽순은 생으로 보관하기 어렵다. 껍질이 있는 그대로 데쳐서 물과 함께 보관하고, 시중에 껍질이 없이 유통되는 것도 끓는물에 데쳐서 사용하는 것이 좋다.

토마토 손질하기 Trimming Tomato

토마토의 꼭지를 칼끝으로 도려내어 제거한다.

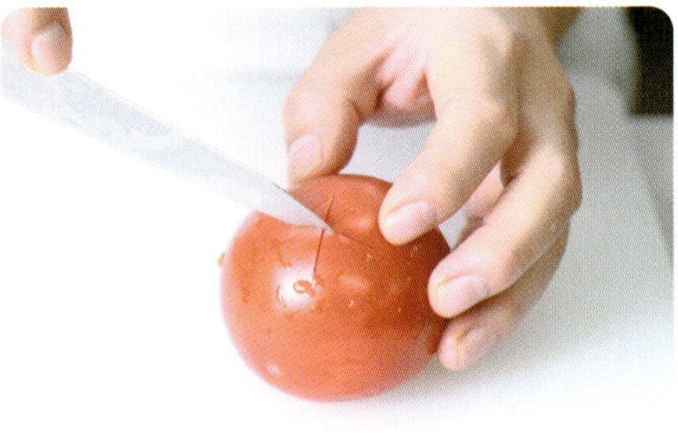

꼭지 반대 윗부분에 열십자로 칼집을 낸다.

끓는물에 토마토를 넣어 데쳐낸다.

데쳐낸 토마토의 껍질을 벗겨낸다.

껍질을 벗겨낸 토마토를 반으로 잘라낸다.

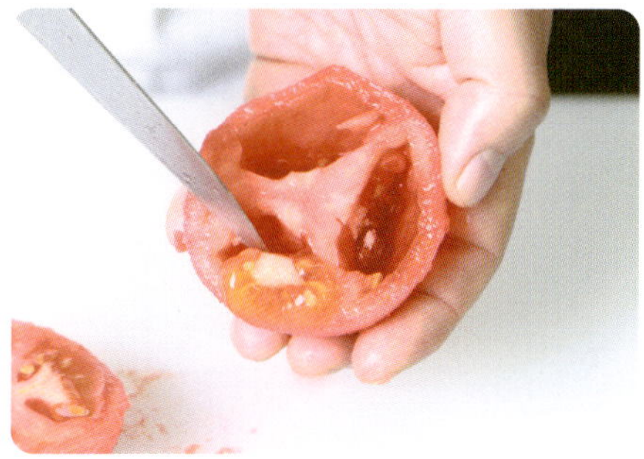

반으로 잘라 안쪽 씨 부분을 빼내듯이 제거한다.

두께 0.5cm로 썰어낸다.

가로, 세로 0.5cm 정도 크기의 정사각형 콩카세Concasse로 썰어 놓는다.

원형 링의 모양 1cm 정도로 썰어 씨를 제거하고 사용한다.

웨지Wedge 형태로 썰어낸다.

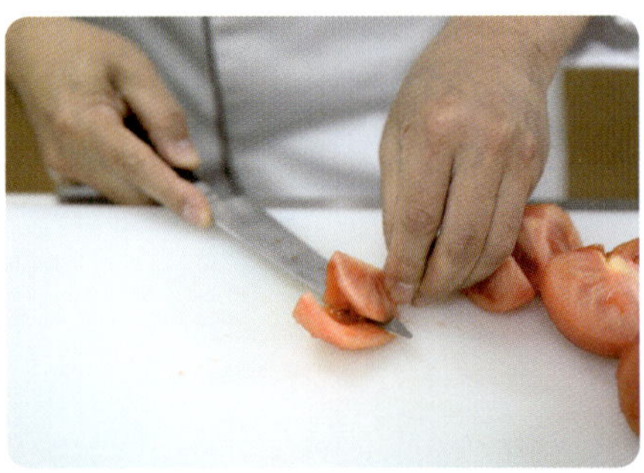

웨지 형태로 씨는 칼로 제거할 수 있다.

여러 가지의 토마토 재료 손질이다.

보관 방법 익은 것은 꼭지를 아래 방향으로 향하도록 하고 비닐봉지에 넣어 냉장보관 한다. 2~3일은 상온에서 보관도 가능하다.

유자 손질하기 Trimming Citron

냉동 유자를 해동시켜 준비한다.

반으로 잘라 상품을 확인한다.

씨 부분을 제거하고 사용한다.

씨 부분은 제거하고, 나머지 부분 모두를 사용한다.

칼로 다지거나 믹서에 갈아 음식에 사용한다.

보관방법 유자는 가을이 지나면 수확하기 때문에, 제철이 아니면 냉동된 상품만 구매가 가능하고 냉동보관을 한다.

파슬리 손질하기Trimming Parsley

파슬리는 찬물에 20분 이상 담가 놓아 싱싱하게 준비한다.

다지기에는 잎사귀 부분만 사용한다.

다지기용으로 준비한다.

줄기는 따로 모아 스톡이나 소스에 사용한다.

칼로 다지기를 시작한다.

거칠게 다진다.

계속해서 곱게 다진다.

다져놓은 파슬리의 모양이다.

소창이나 면보에 싸서 찬물에 헹궈 물기를 제거한다.

보관 방법 신문지에 싸서 비닐봉지에 넣어 냉장보관 한다.

파프리카 손질하기Trimming Paprika

노랑 파프리카를 석쇠에 올려 그을려 태운다.

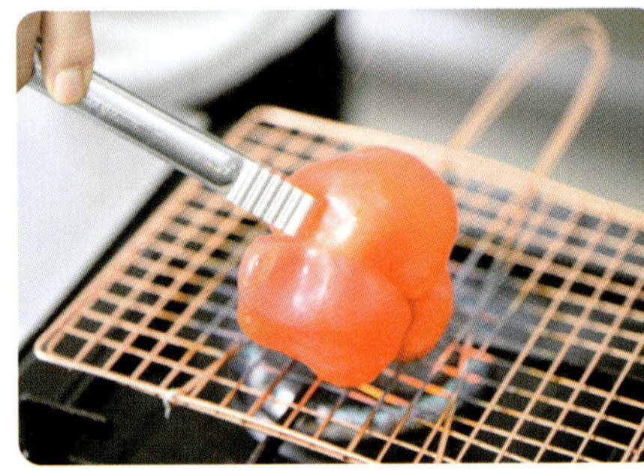

빨강 파프리카를 석쇠에 올려 그을려 태운다.

태운 파프리카를 랩으로 싸서 10분 정도 휴지시킨다.

휴지시킨 파프리카를 흐르는 물에 씻는다.

겉껍질을 깨끗하게 제거한다.

노랑 파프리카를 용도에 맞게 썰어낸다.

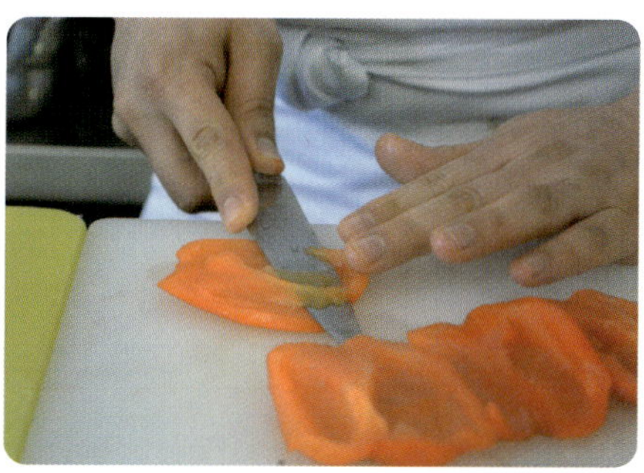

빨강 파프리카를 용도에 맞게 썰어낸다.

보관 방법 물기를 제거하고 비닐봉지에 담아 냉장보관 한다. 씨를 제거하고 썰어서 데쳐내면 냉동실에서 1개월 이상 보관도 가능하다.

팽이버섯 손질하기 Trimming Enoki Mushroom

팽이버섯의 이물질을 제거하고 준비한다.

밑쪽 기둥에서 4~5cm 정도를 잘라낸다.

필요한 양만큼 조금씩 분리하여 놓는다.

계속해서 분리하여 사용한다.

보관방법 물기를 제거하고 비닐봉지에 넣어 냉장보관 한다. 밑동을 잘라내고 밀폐용기에 넣어 냉동해도 된다.

표고버섯 손질하기 Trimming Shiitake Mushroom

생 표고버섯은 씻어 바로 사용이 가능하지만, 마른 표고버섯의 경우는 뜨거운 물에 20분 정도 불려서 사용한다.

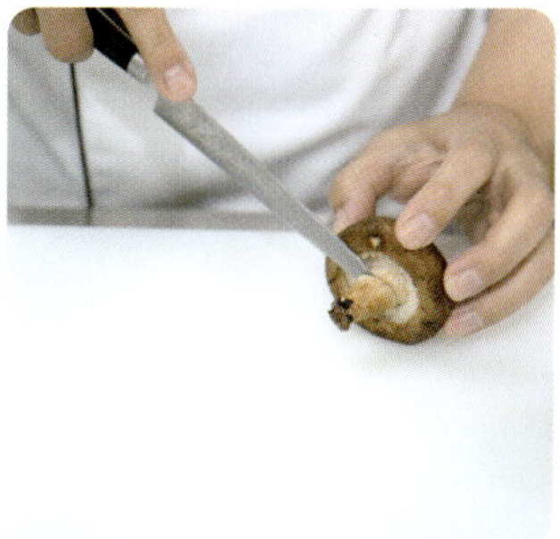

기둥 꼭지를 칼이나 가위로 제거하고, 소스나 스톡에 사용한다.

표고버섯 위쪽에 칼집을 넣어 모양 있게 만들어 사용한다.

옆면으로 돌려 슬라이스로 썬다.

얇게 슬라이스로 일정하게 썬다.

슬라이스로 썰어 놓은 것을 다시 채로 썬다.

보관방법 마른 표고버섯은 실온·냉동보관이 가능하다. 생 표고버섯일 경우 뒤집어 주름이 위를 향하게 비닐봉지에 넣어 냉장보관 하며, 수분이 많아 보관이 오래가지 않으므로 갓 안쪽이 거무스름해지기 전에 사용하는 것이 좋다.

3) 육류Meat 손질하기

베이컨 손질하기Trimming Bacon

베이컨은 슬라이스 된 것으로 진공포장 되어 있어 해동 후 바로 사용 가능하며, 냉장 상태인 것도 바로 사용이 가능하다.

샐러드나 드레싱, 음식 위에 뿌려주는 장식용으로 사용이 가능하며, 다져 볶아 사용도 가능하다.

다진 베이컨은 볶아 기름을 제거한다.

바로 구워서 사용이 가능하다.

대량으로 구워 뷔페 등에서 사용이 가능하다.

보관방법 진공포장 상태의 냉동이나 냉장 상태로 유통되며, 개봉을 하고 남을 경우에는 랩으로 싸서 진공상태로 만들어 냉동보관 한다.

닭 손질하기Trimming Chicken

① 닭 손질Cutting of Chicken의 방법과 순서

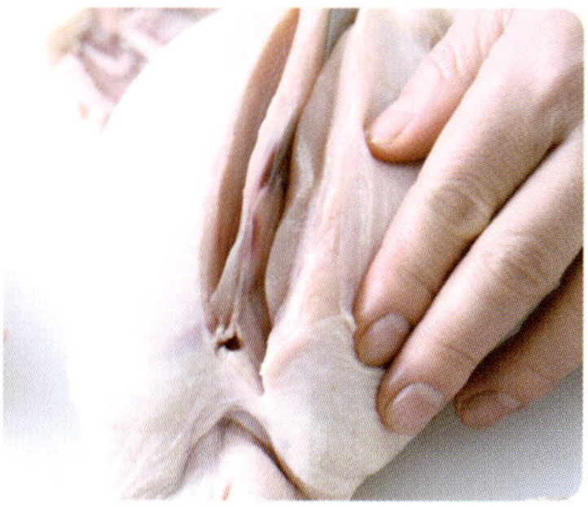

닭의 등뼈 부분을 두 갈래로 칼집을 넣는다.

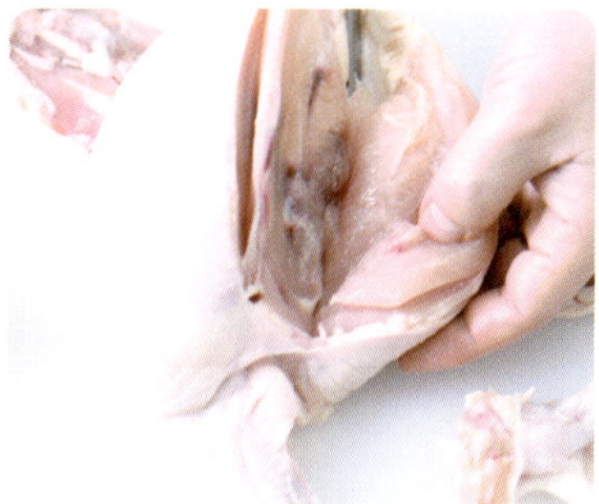

등뼈에서 한쪽 부분씩 가슴살을 분리한다.

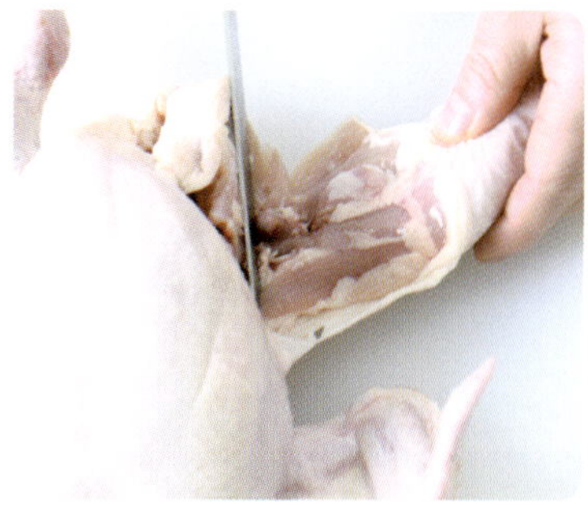

한쪽 다리를 잡고 껍질과 관절을 분리하여 다릿살을 잘라 놓는다.

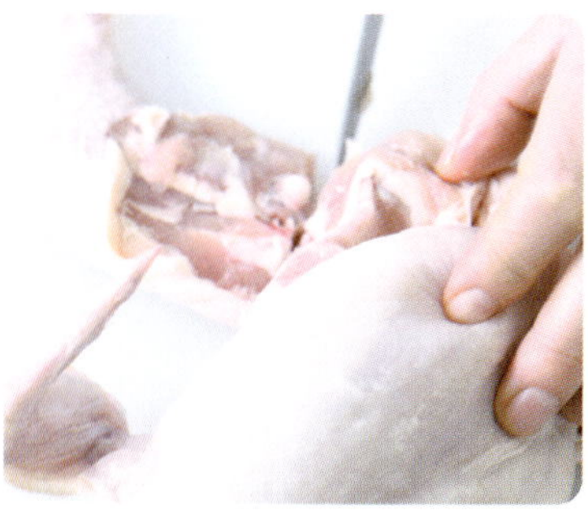

다른 한쪽의 다리도 분리한다.

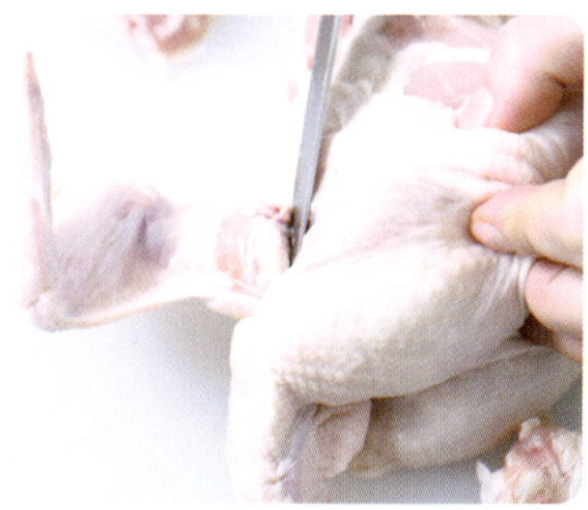

날개쪽의 관절에 칼을 넣어서 분리한다.

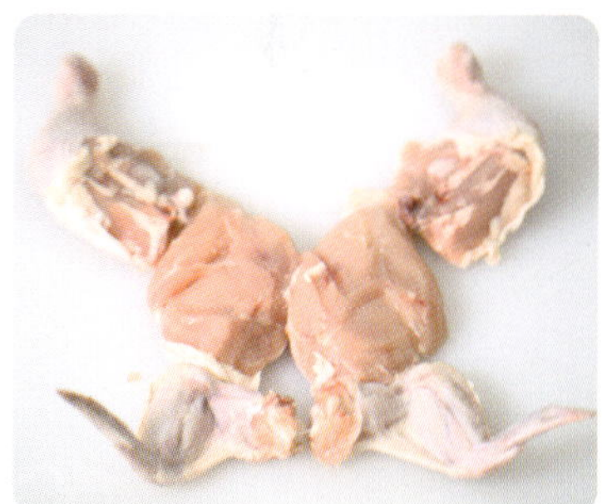

뼈를 제외한 날개, 가슴, 다릿살을 분리한다.

② 닭다리 뼈 발라내기

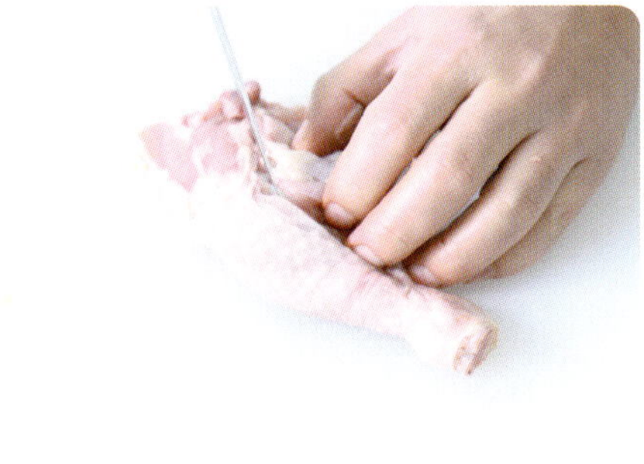

닭다리를 잘 잡고 다리 안쪽에 칼집을 넣는다.

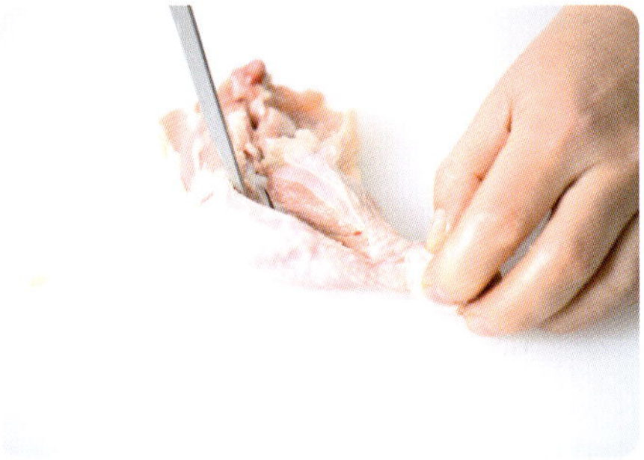

바깥쪽 부분에도 칼집을 넣는다.

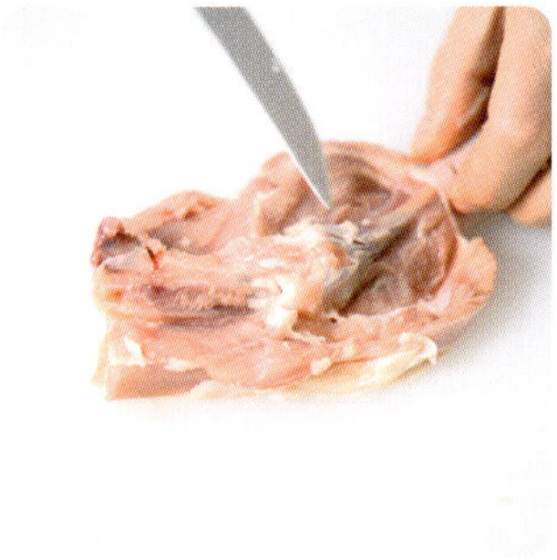

뼈와 살 사이에 칼끝으로 칼을 넣어 살을 분리한다.

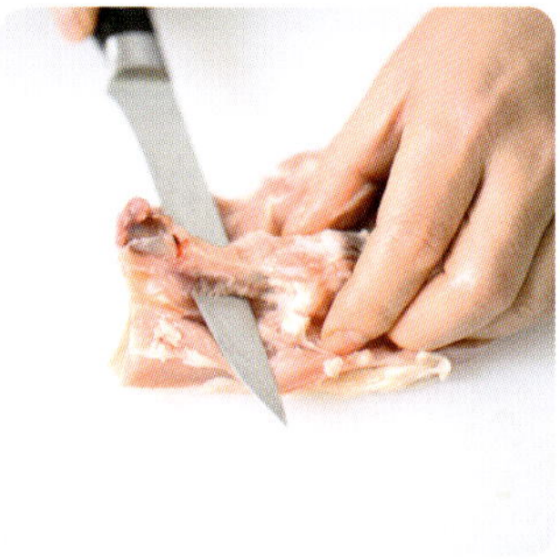

한쪽 뼈에 칼을 넣어 분리한다.

아래쪽 뼈에 칼을 넣어 다릿살을 분리한다.

③ 닭날개 뼈 발라내기

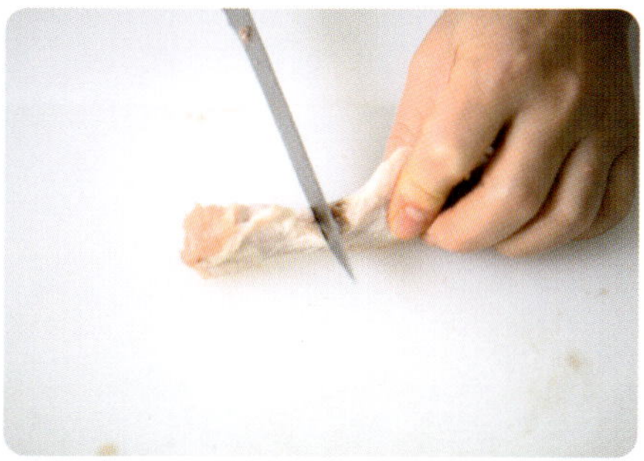

닭날개 안쪽 마디 밑의 관절에 칼을 넣어 분리한다.

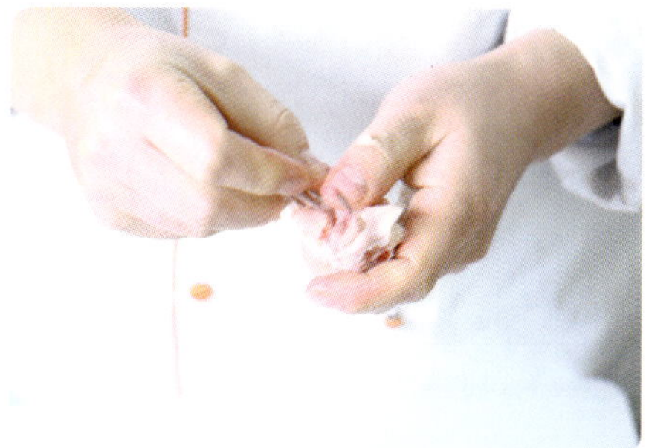

날개 안쪽 뼈 두 개 중 작은 뼈 한 개를 잡는다.

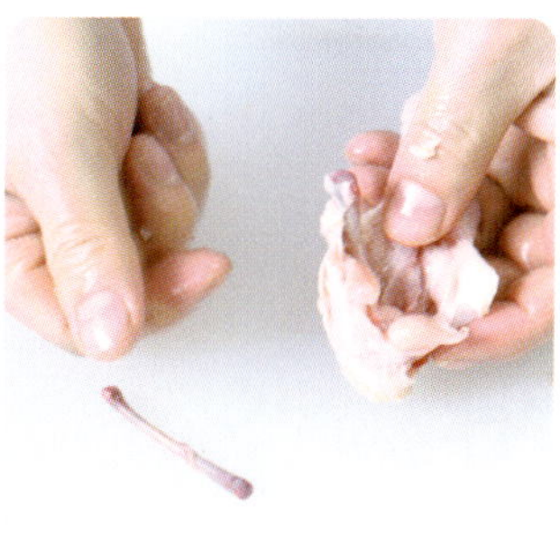

날개 안쪽 작은 뼈 한 개를 분리한다.

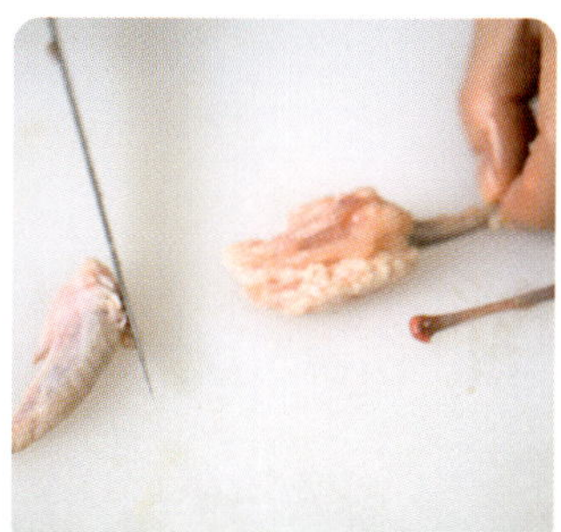

날개 끝쪽 뼈를 분리한다.

날개껍질을 뒤집어 살쪽이 보이도록 만든다.

④ 닭 실로 묶기

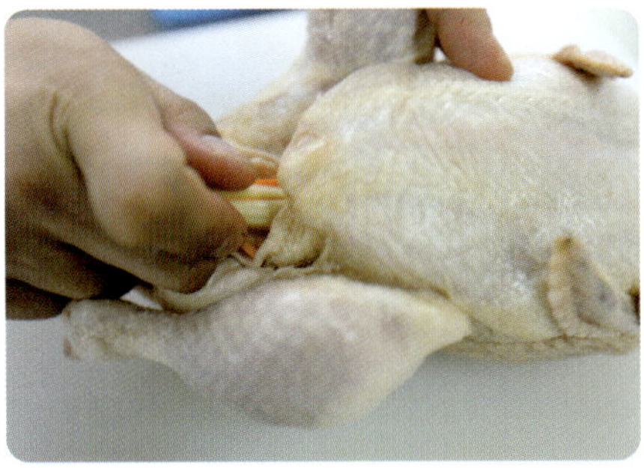

깨끗이 씻은 닭의 내장과 지방을 제거한 후 배쪽에 미르포아를 채워 넣는다.

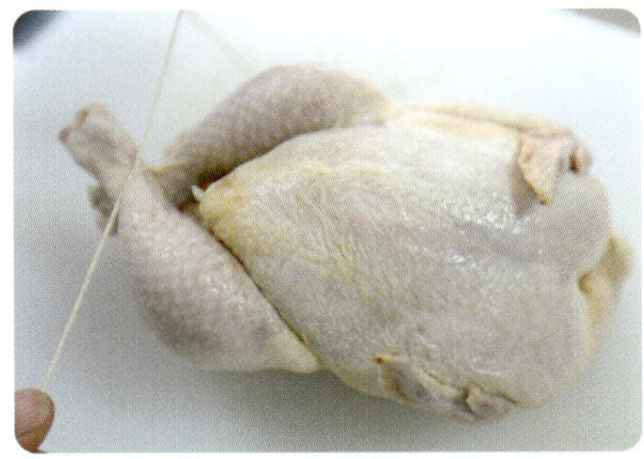

조리용 면실로 다리를 묶어 준비한다.

다리에서 날개쪽으로 X자 형태로 감아준다.

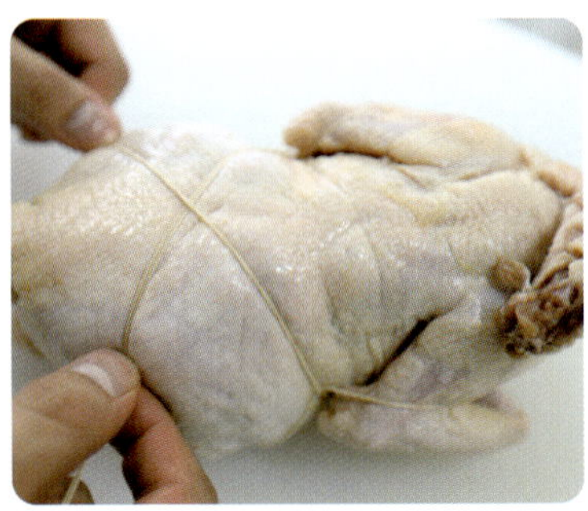

닭을 뒤집어 실을 돌려 감아준다.

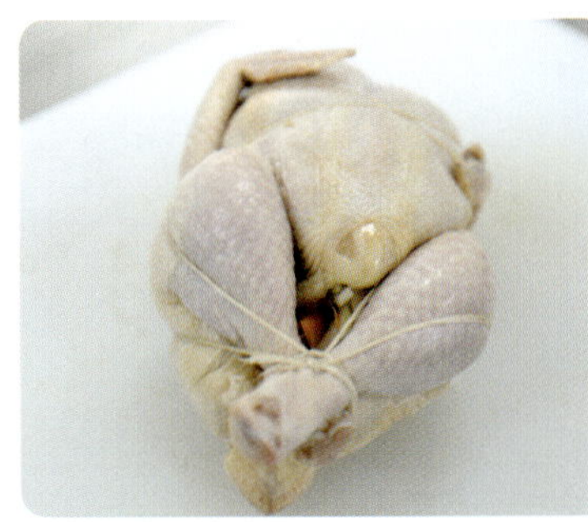

다리쪽으로 매듭을 지어 완성한다.

보관방법 닭은 상하기 쉽기 때문에 빨리 처리하는 것이 좋으며, 보관할 때에는 랩이나 비닐봉지에 넣어 냉동보관 한다.

돼지갈비 손질하기 Trimming Pork Ribs

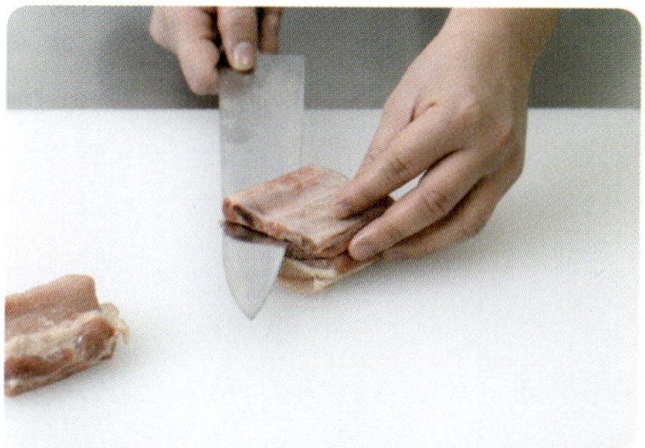

뼈가 붙어있는 방향으로 칼집을 넣어 살이 잘리지 않도록 한다.

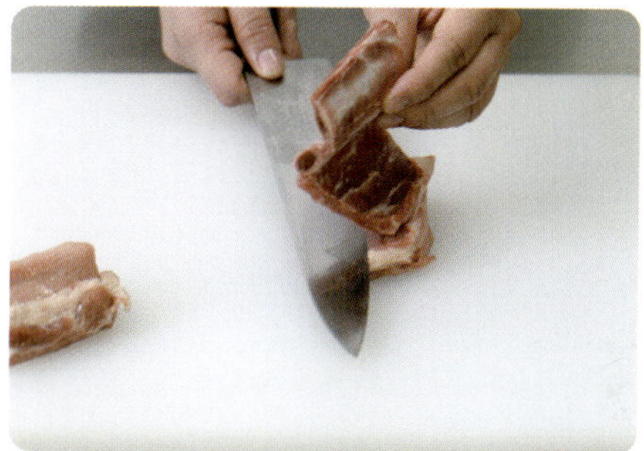

고기를 180도 돌려, 반대 방향으로 칼집을 넣어준다.

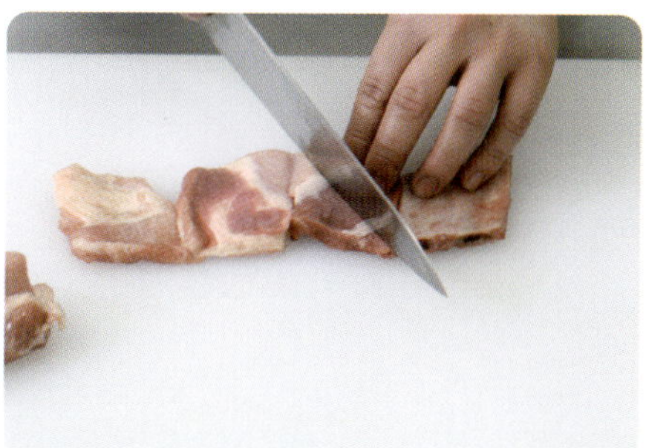

고기를 잘 펴서 끊어지지 않도록 하고, 칼집을 고르게 넣어 놓는다.

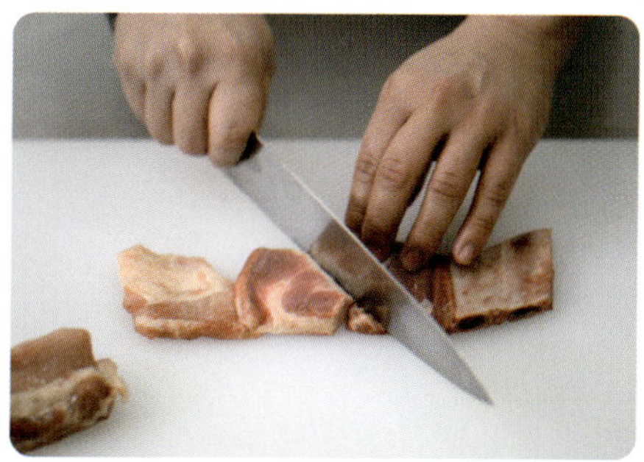

반대로 뒤집어서 칼집을 고르게 넣는다.

보관방법 돼지갈비는 뼈가 붙어 있어 손질하는데 주의가 필요하며, 양념에 재우면 2~3일 정도 보관이 가능하고, 소고기 이상으로 상하기 쉽기 때문에 빨리 처리하는 것이 좋다.

돼지등심 손질하기 Trimming Pork Tenderloin

돼지등심을 준비해서 겉부분의 기름진 부분을 손질한다.

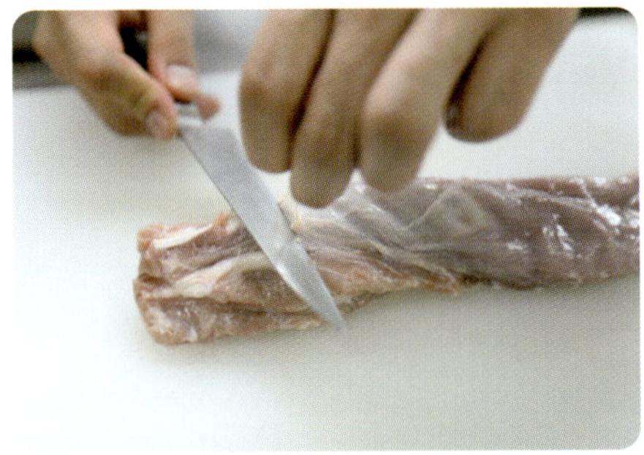

질긴 힘줄 부분을 손질한다.

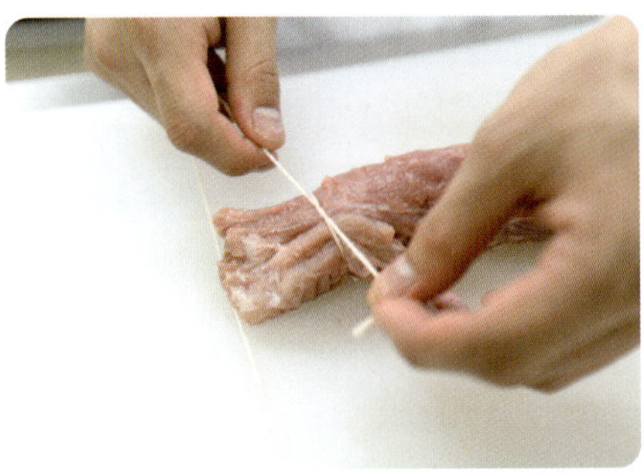

조리용 실을 준비해서 처음 매듭 부분을 한 번 묶어 준비한다.

처음 매듭은 시작할 때와 마지막 부분만 묶어주어야 한다.

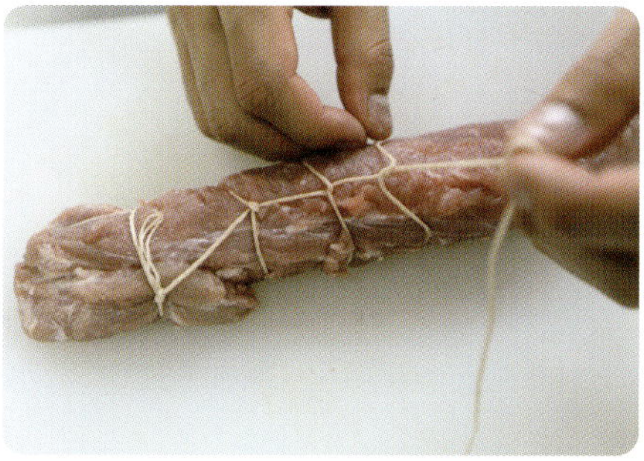

중간 부분은 하나의 실로 계속 돌려주면서 묶어준다.

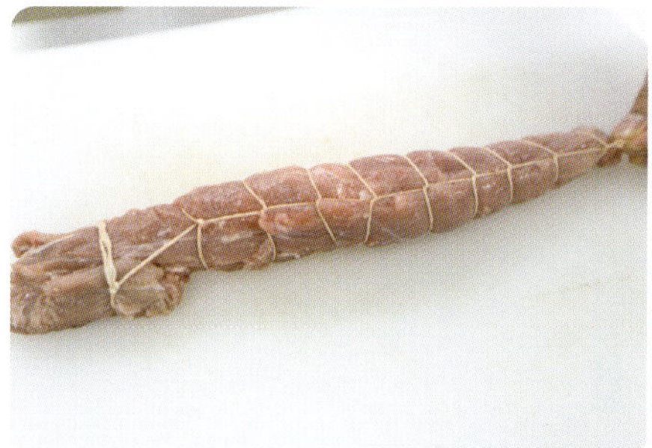

전체적으로 하나의 실로 위로부터 밑부분까지 내려가면서 묶어주어야 한다.

프라이팬에 오일을 두르고 열이 오르면 끝부분부터 색을 내도록 한다.

전체적으로 짙은 갈색이 나도록 팬에서 굽는다.

보관 방법 돼지등심은 크기가 작고 힘이 없기 때문에, 조리용 실로 고정하고 익혀주도록 한다. 소고기 이상으로 상하기 쉽기 때문에 빨리 처리하는 것이 좋다.

소고기 등심 손질하기Trimming Beef Sirloin

지방이 붙어있는 등심을 준비한다.

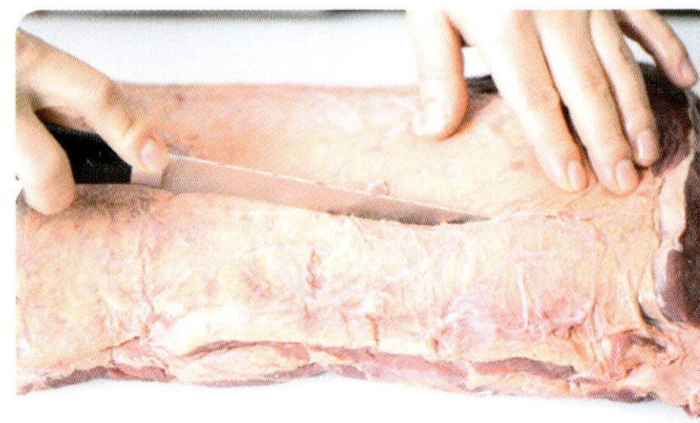

등심의 두꺼운 부분의 힘줄을 선을 그어 제거한다.

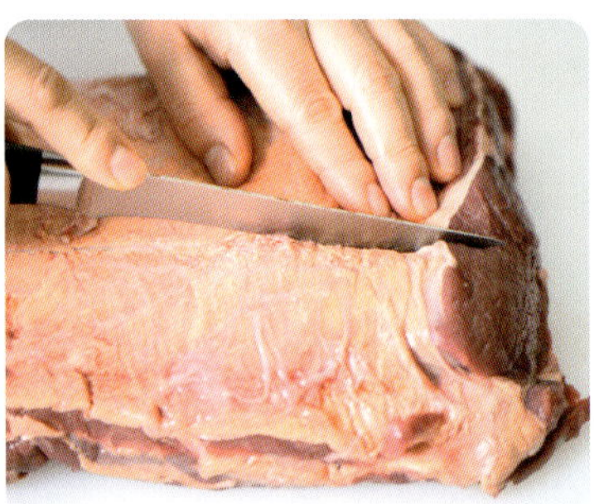

등심의 두꺼운 부분의 힘줄을 등심 처음부터 끝부분까지 선을 그어 제거한다.

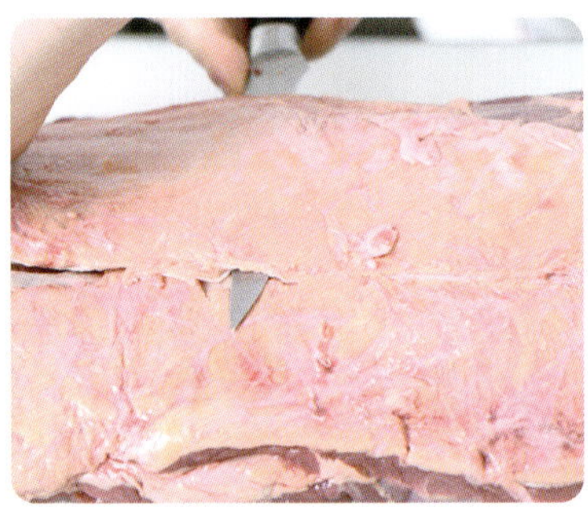

등심의 끝쪽에 있는 지방과 고기 부분을 스킨 제거하듯 벗겨낸다.

등심의 끝쪽에 있는 지방과 고기 부분을 아랫부분까지 제거하듯 벗겨낸다.

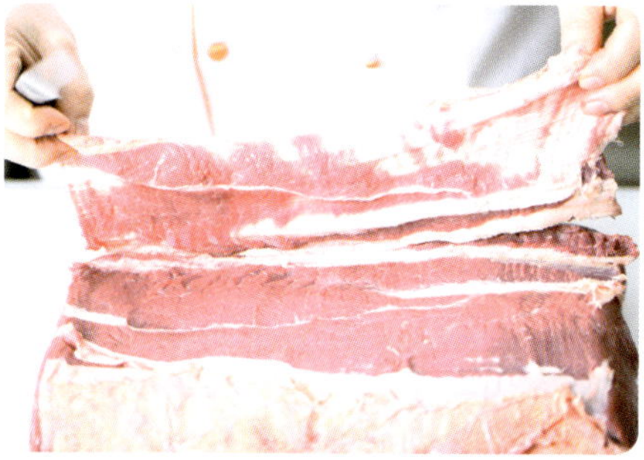

등심의 지방과 힘줄의 지방을 제거한 모습이다.

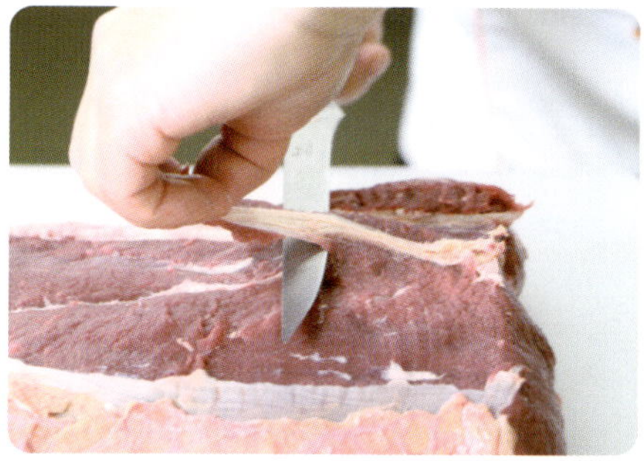

제거가 안 된 지방의 힘줄을 모두 제거한다.

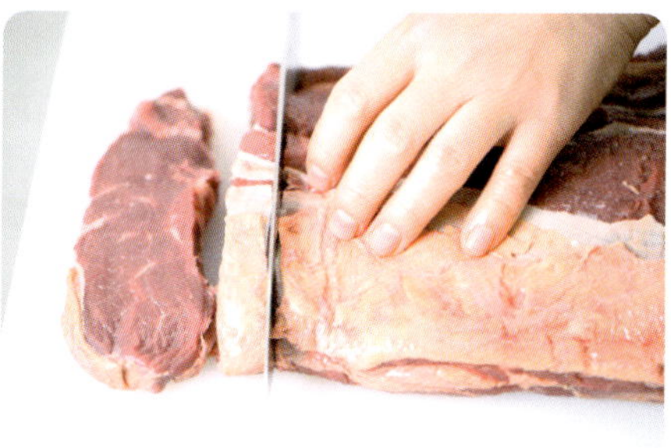

손질이 된 등심을 스테이크용으로 잘라 준비한다.

구이용으로 사용한다면, 조리용 실로 묶어 팬에서 소테한 뒤 오븐에서 익힌다.

보관 방법 소고기를 보관할 때에는 덩어리 자체를 진공포장 하여 냉장고에서 숙성시키거나 냉동고에 넣어 오랫동안 보존할 수 있으며, 냉동에 넣을 때에는 분할해서 넣어야 꺼낼 때 사용하기가 용이하다.

소고기 안심 손질하기Trimming Beef Tenderloin

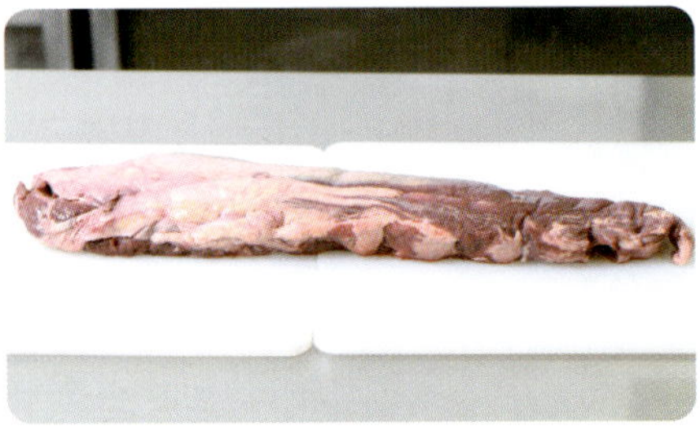

지방이 붙어있는 소 안심을 준비한다.

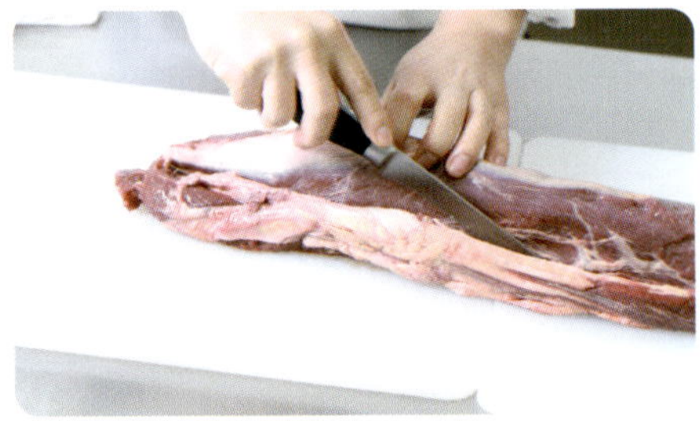

안심 사이드Side 쪽을 분리하며 손질한다.

안심 사이드 날개쪽을 분리한다.

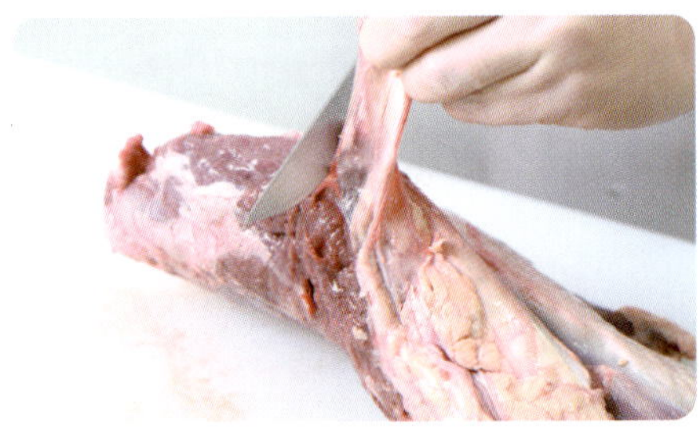

뒤쪽 부분은 지방이 분포되어 있고 힘줄은 비교적 적다.

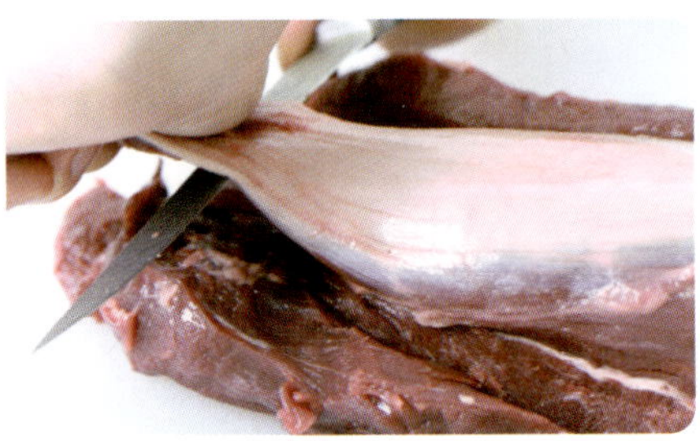

헤드(머리) 부분에 붙어있는 실버스킨Sliver Skin을 제거한다.

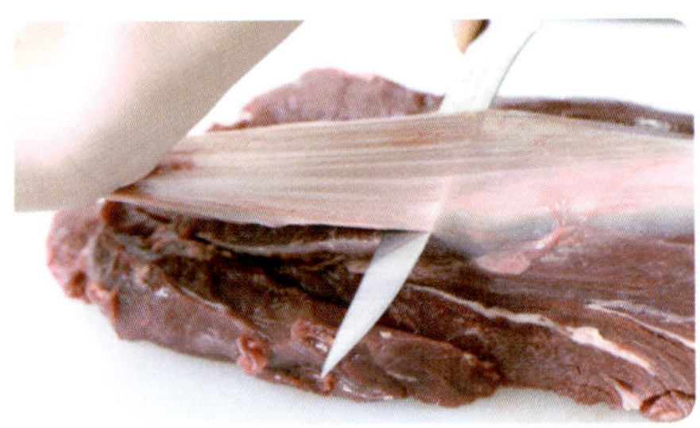

안심머리 부분부터 실버스킨을 분리한다.

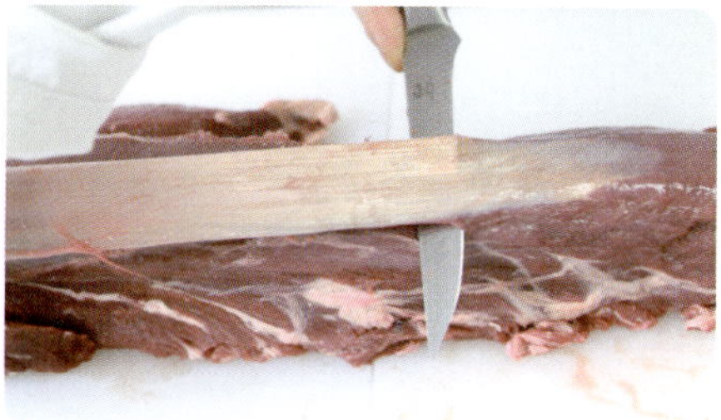

안심머리 부분부터 꼬리 부분 팁Tip까지 실버스킨을 분리한다.

제거 안 된 실버스킨을 모두 제거한다.

손질된 안심을 스테이크용으로 썰어 준비한다.

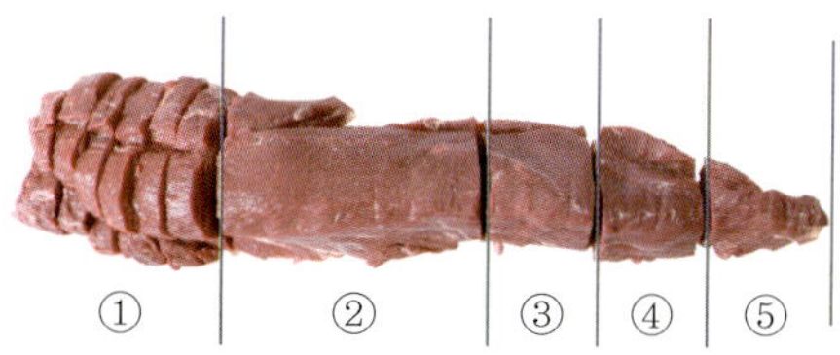

부위별로 손질된 안심이다.

〈안심 부위별 명칭〉

① 헤드, 머리Head
② 샤토브리앙Chateaubriand
③ 토르네도스Tournedos
④ 필렛 미그농Filet Mignons
⑤ 필렛 팁, 꼬리Filet Tip

보관 방법 소고기를 보관할 때에는 덩어리 자체를 진공포장 하여 냉장고에서 숙성시키거나 냉동고에 넣어 오랫동안 보존할 수 있으며, 냉동에 넣을 때에는 분할해서 넣어야 꺼낼 때 사용하기가 용이하다.

육류의 굽기 정도Degrees of Doneness

※ 고기를 굽는 과정 중에 고기를 눌러보아 비슷한 느낌으로 판단하는 간단한 방법을 소개

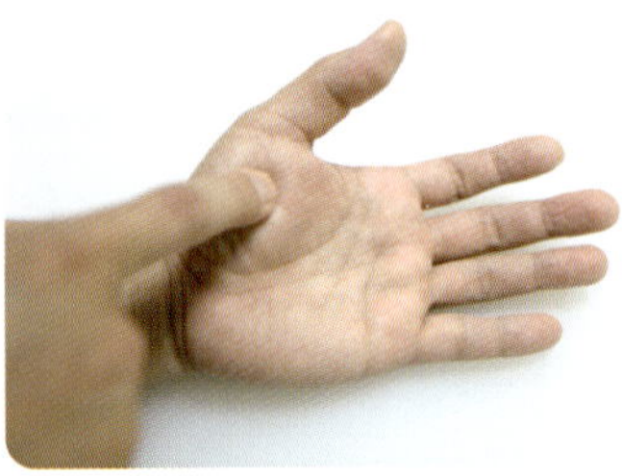

블루레어Blue Rare
내부에 온기만 있고 90% 이상이 붉은색을 띠며, 내부온도는 약 45℃ 정도이다.

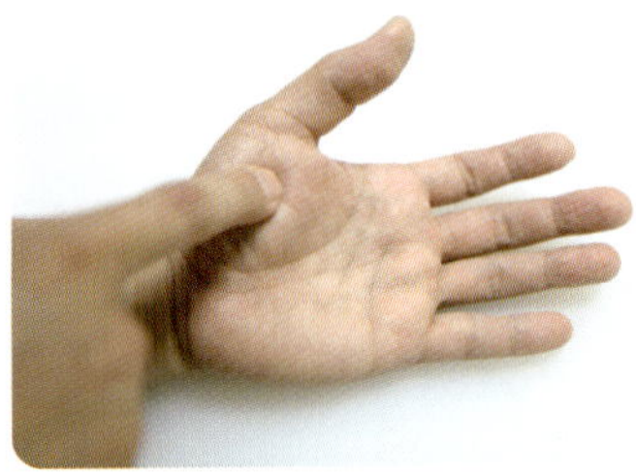

레어Rare
75% 정도가 붉은색을 띠며, 내부온도는 약 50℃ 정도이다.

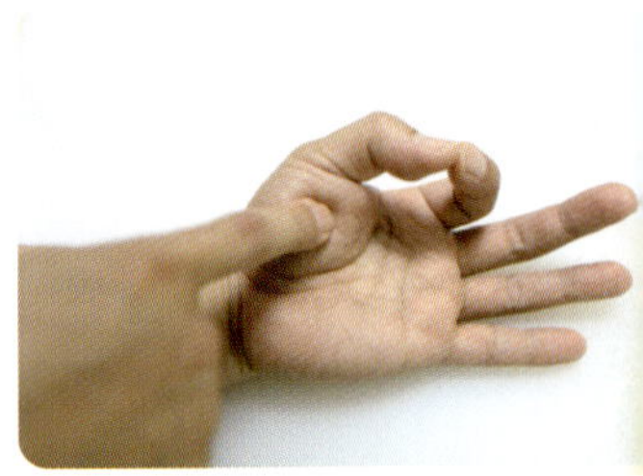

미디엄레어Medium Rare
내부온도는 약 52~55℃ 정도이

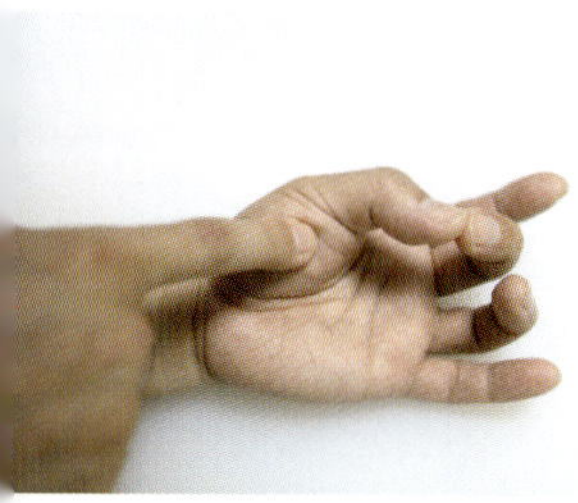

ㅓ엄Medium
질이 미세한 틈을 보이기 시작하
25% 정도가 붉은 색으로 남아있
내부온도는 약 60℃ 정도이다.

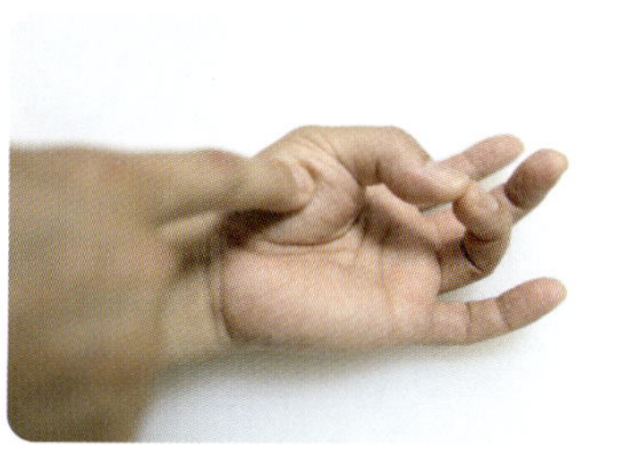

미디엄 웰던Medium
육질의 결이 선명하게 나타난다. 내부온도는 약 65℃ 정도이다.

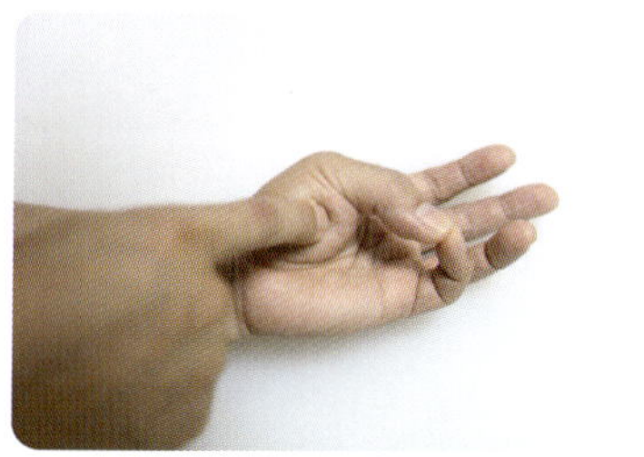

웰던Well Done
육류의 섬세한 맛을 느끼기는 어렵다. 내부온도는 약 70℃ 정도이다.

CHEF NOTE

스테이크 익힘 정도 체크방법

고기 굽기를 체크하는 방법 중 제일 처음은 고기의 단면을 잘라 붉은빛 정도의 색깔로 확인하며, 만약 도구가 준비되었다면 고기 속 온도를 체크하거나 숙련된 셰프라면 손으로 눌러보아 익힘 정도를 알 수 있으며, 비슷한 체크방법으로 본인의 손을 눌러보는 힘과 스테이크의 육질이 거의 흡사하다.

양갈비 손질하기Trimming Lamb Chop

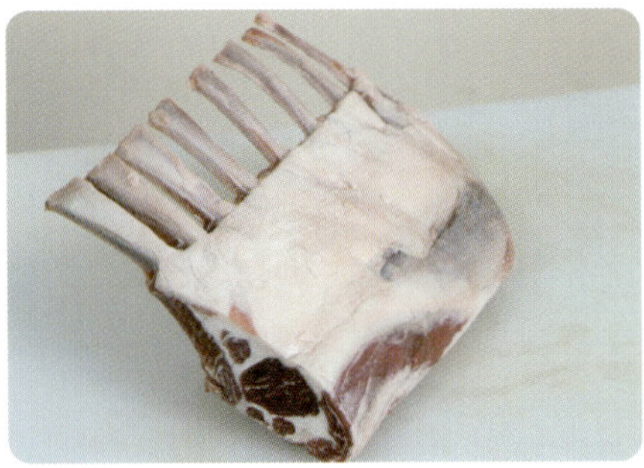

양갈비는 냉동상태로 유통되며 진공포장을 벗겨 사용한다.

양갈비 포장을 벗긴 상태의 뒷면이다.

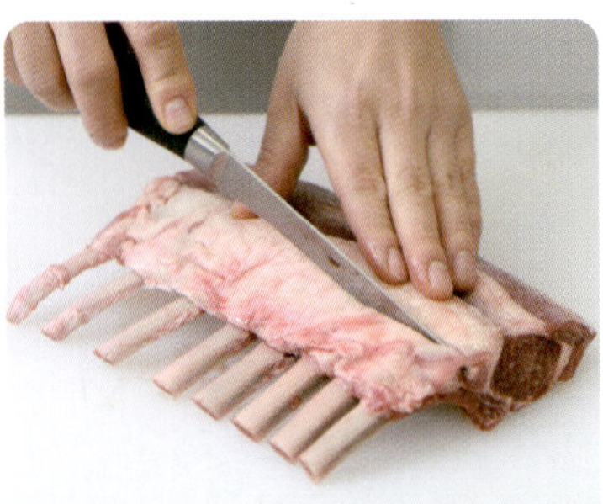

지방 부위가 많은 부위를 칼로 벗겨낸다.

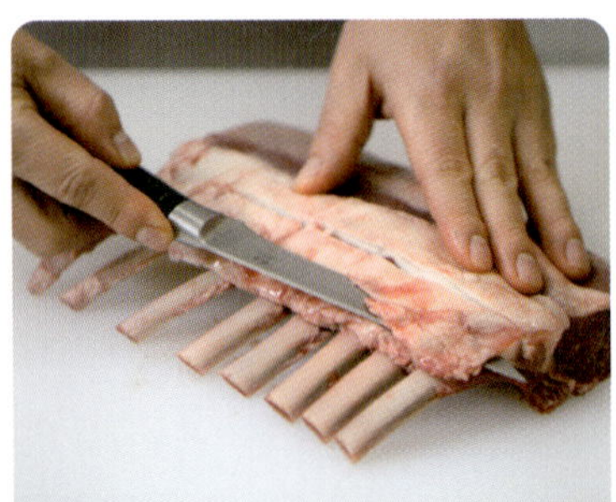

지방 부위가 많은 부위를 잘라낸다.

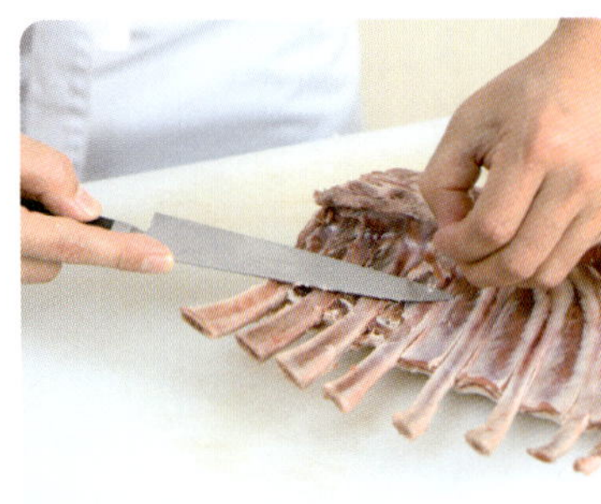

양갈비 뒤쪽 갈비뼈를 덮고 있는 얇은 막을 제거한다.

뼈에 붙어 있는 살을 제거해야 구울 때 그을음이나 타지 않는다.

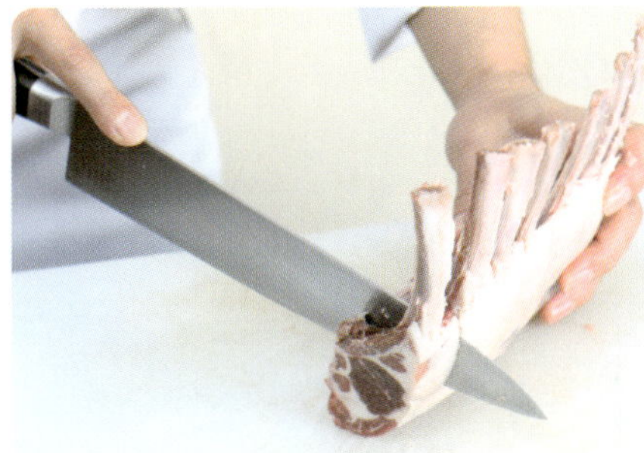

뼈와 뼈 사이를 칼로 자른다.

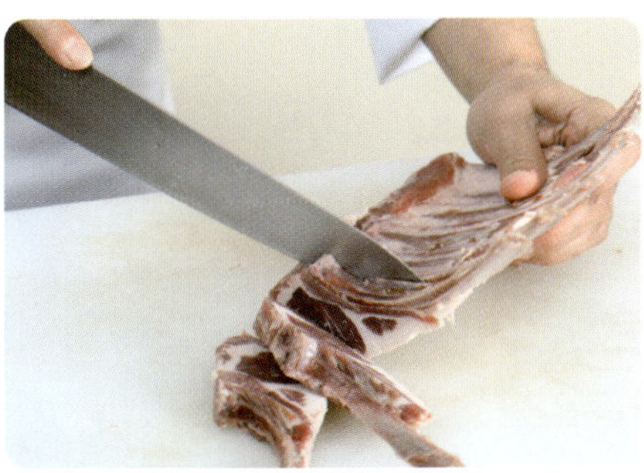

양갈비를 스테이크용으로 잘라 준비한다.

손질된 양갈비의 모습이다.

보관 방법 양고기나 양갈비를 보관할 때에는 덩어리 자체를 진공포장 하여 냉장고에서 숙성시키거나 냉동고에 넣어 오랫동안 보존할 수 있으며, 냉동에 넣을 때에는 분할해서 넣어야 꺼낼 때 사용하기가 용이하다.

4) 생선과 해산물Fish & Seafood 손질하기

가자미 손질하기Trimming Flounder

칼등이나 비늘 벗기는 도구로 비늘을 제거한다.

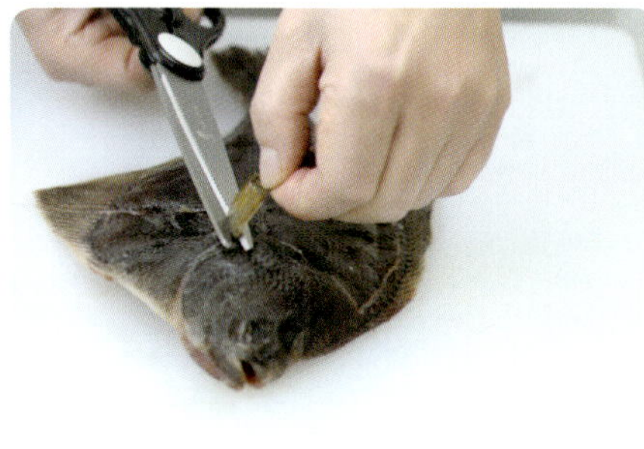

지느러미를 제거한다.

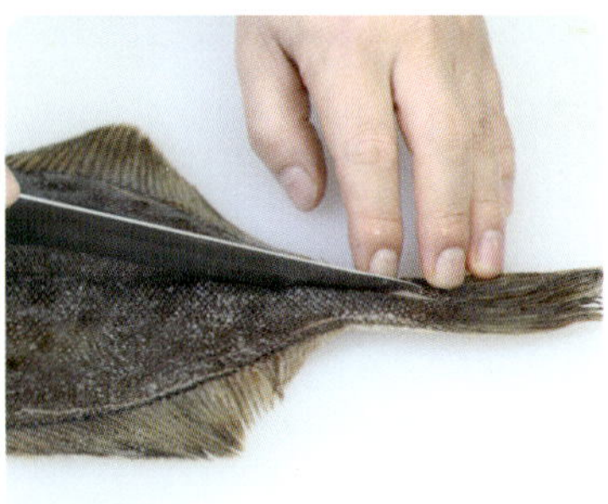

5장 뜨기 위해 중앙으로 칼집을 넣는다.

칼끝을 이용하여 생선 가장자리에 칼집을 낸다.

반으로 칼집을 낸 중앙 부분에서 지느러미 쪽으로 뼈와 살을 분리한다.

반대편도 같은 방법으로 뼈와 살을 분리한다.

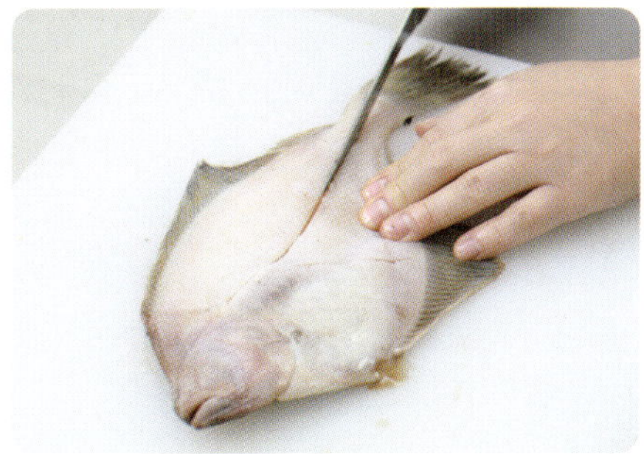

뒤집어서 생선 가장자리에 칼집을 내어 같은 방법으로 살을 분리한다.

가자미껍질을 제거한다.

5장 뜨기를 해서 4쪽의 살을 준비한다.

보관방법 머리와 내장을 제거하고 씻어서 키친타월로 물기를 제거하고 랩에 싸서 냉장보관 한다. 장기간 보관하기 위해서는 진공포장 해서 냉동도 가능하다.

광어 손질하기Trimming Halibut

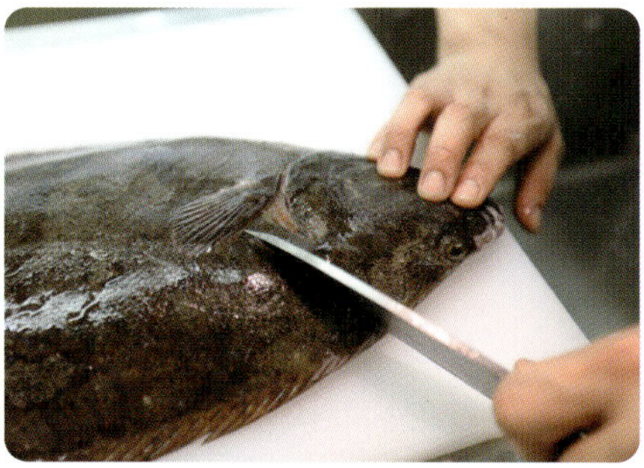

광어의 아가미 안쪽으로 칼을 넣어 기절시키고 방혈시켜 핏물을 뺀다.

비늘을 전용 스케일러로 벗겨내고 흐르는 물에 깨끗이 씻는다.

생선 중앙에서 안쪽으로 칼집을 넣는다.

가운데 부분에서 지느러미 방향으로 칼을 넣어 생선 필레Fillet를 떠내야 한다.

생선살을 떠낼 때 자연스럽고 매끈하게 손질해야 한다

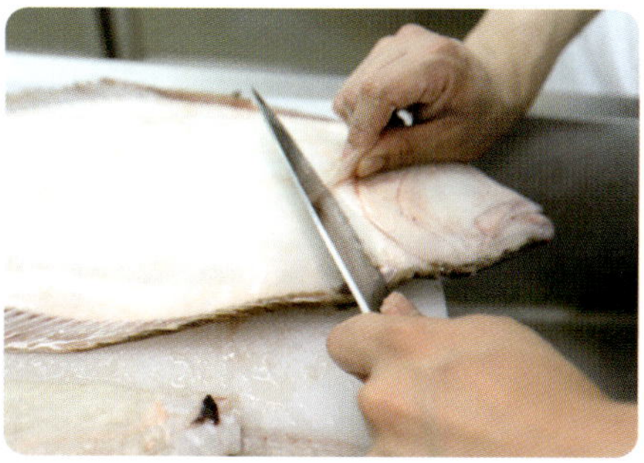

뒤집어서 생선 아가미 쪽에 칼집을 넣는다.

5장 뜨기하고 남은 광어의 뼈이다.

광어껍질을 제거한다.

5장 뜨기를 해서 4쪽의 살을 준비한다.

보관 방법 머리와 내장을 제거하고 생선살을 키친타월로 물기를 제거한 뒤 냉장보관 한다. 장기간 보관하기 위해서는 진공포장 해서 냉동도 가능하다.

도미 손질하기Trimming Snappe

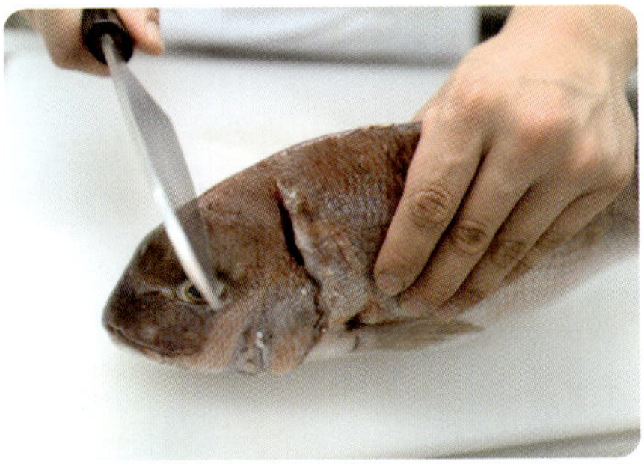

도미의 정수리 부분을 타격하여 기절시키고 방혈시켜 피를 제거한다.

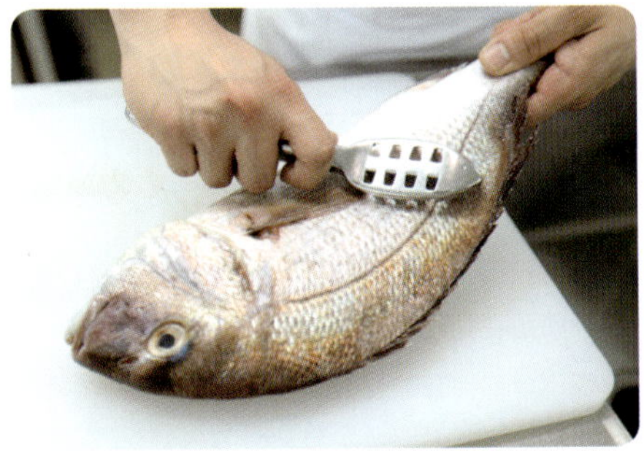

비늘을 전용 스케일러로 벗겨내고 흐르는 물에 깨끗이 씻는다.

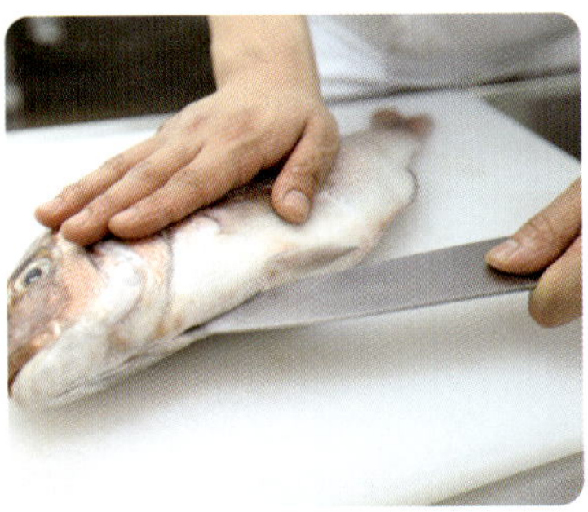

배 아래쪽에 칼집을 넣어 내장을 제거한다.

도미의 머리쪽부터 배쪽으로 칼을 넣어 머리를 제거한다.

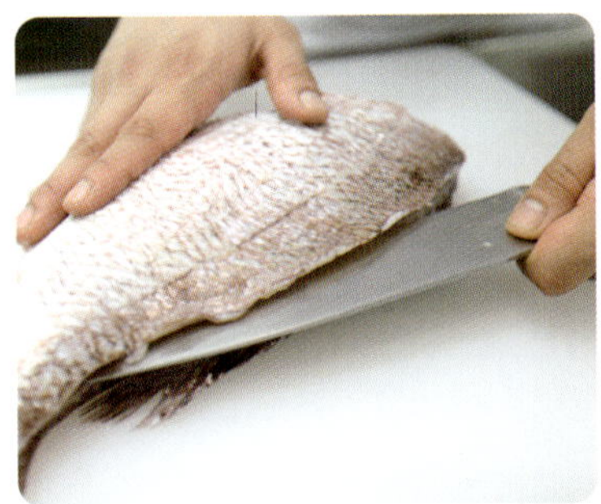

머리를 제거한 도미를 뼈와 살을 분리한다.

뒤집어서 반대편의 뼈와 살을 분리한다.

도미의 껍질을 제거한다.

3장 뜨기 후 남은 도미의 뼈이다.

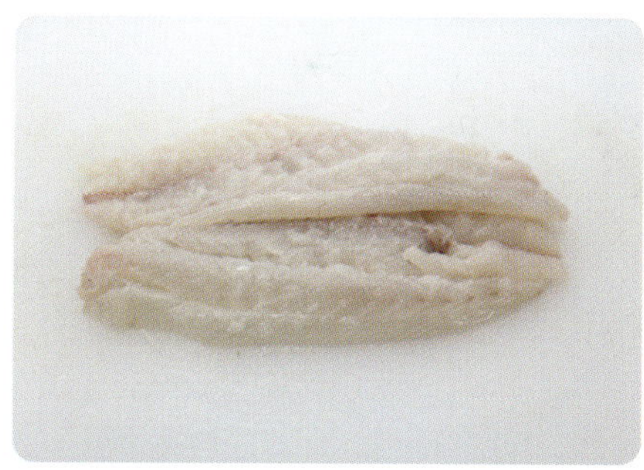

3장 뜨기 후의 도미살이다.

보관 방법 머리와 내장을 제거하고 생선살을 키친타월로 물기를 제거한 뒤 냉장보관 한다. 장기간 보관하기 위해서는 진공 포장해서 냉동도 가능하다.

동태 손질하기Trimming Frozen Pollack

동태를 해동시켜 칼날이나 칼등으로 비늘을 제거한다.

가위로 지느러미를 제거한다.

내장을 제거하고 3장 뜨기 형태로 살을 분리한다.

꼬리쪽에서 껍질 분리를 시작한다.

껍질과 살을 깨끗하게 분리한다.

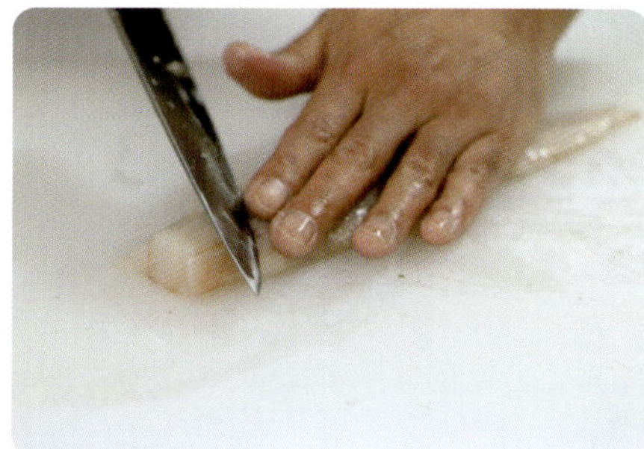

칼을 비스듬히 눕혀 포를 뜨듯이 져며 사용할 수 있다.

탕이나 찜으로 동태가 필요한 경우, 등분에 맞도록 토막으로 잘라낸다.

보관 방법 머리와 내장을 제거하고 씻어서 키친타월로 물기를 제거하고 랩에 싸서 냉장보관 한다. 장기간 보관하기 위해서는 진공포장 해서 냉동도 가능하다.

바닷가재 손질하기Trimming Lobster

① 바닷가재 테르미도르 그라탱

살아있는 바닷가재는 뜨거운 물에 잠깐 담가 기절시킨다.

머리쪽 중앙에 칼집을 넣어 반으로 자른다.

꼬리쪽 중앙으로도 칼집을 넣어 반으로 잘라낸다.

반으로 잘라 두 개로 자른다.

전용가위를 이용하여 껍질을 떼어내듯이 잘라낸다.

집게발도 비틀 듯이 분리해낸다.

매쉬감자를 만들어 머리쪽 빈 공간에 모양 깍지를 이용하여 보기 좋게 짜서 준비한다.

집게발에도 소스나 치즈를 뿌려 오븐에서 굽는다.

오븐에서 꺼내 접시에 담는다.

② 바닷가재 꼬리 손질하기Trimming Lobster Tail

머리와 몸통을 분리하기 위해 등쪽 가운데 부분의 얇은 막을 제거한다.

머리 부분과 꼬리 부분을 손으로 잡고 분리시킨다.

집게발은 손으로 잡고 비틀듯이 분리해 낸다.

꼬리살만 따로 떼어내 분리한 다음, 가위로 옆부분을 잘라 놓는다.

바닷가재살이 부서지지 않도록 조심스럽게 분리한다.

꼬릿살 반대편도 가위로 잘라 놓는다.

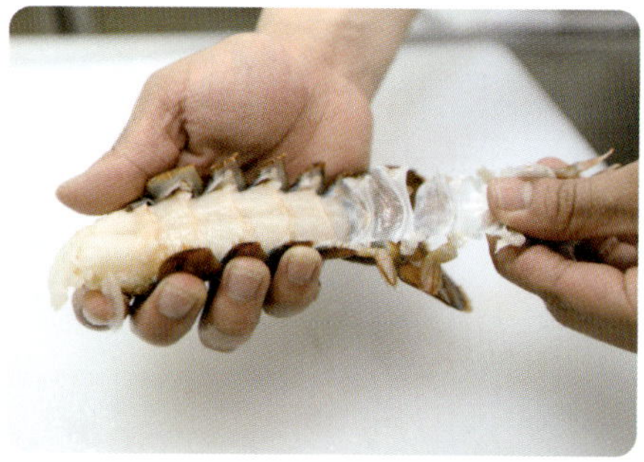

위쪽부터 가운데 껍질 부분을 잡아서 당기면 껍질이 벗겨진다.

겉껍질을 제거하고 속살만 따로 분리시킨다.

손질한 바닷가재 꼬리의 모습이다.

보관 방법 바닷가재는 살아있는 상태로 유통하기도 하지만, 살짝 데쳐서 냉동으로 유통되기도 한다.

새우 손질하기Trimming Shrimp

새우의 머리쪽 침과 꼬리쪽 침은 항상 제거한다.

다리를 가위로 잘라 제거한다.

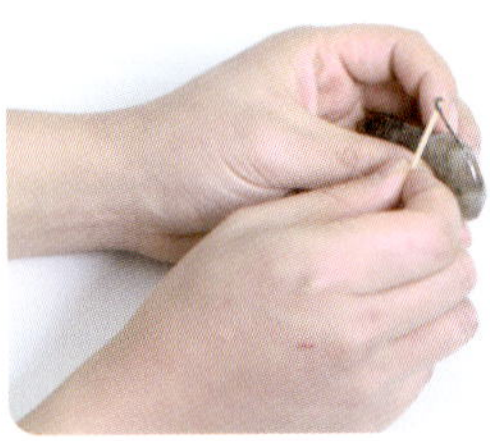

내장은 이쑤시개로 세 번째 마디에서 제거한다.

껍질과 머리를 그대로 사용할 경우에는, 등쪽에 칼집을 넣어준다.

등쪽에 칼집을 넣어 요리에 사용한 경우이다.

머리와 몸통을 양손으로 잡고, 반대 방향으로 틀어 머리를 제거한다.

껍질은 몸통의 위쪽부터 벗겨내는데, 배쪽 가운데 부분을 잡고 껍질을 제거한다.

손질한 새우와의 비교이다.

보관 방법 물기를 제거하고 비닐봉지에 넣어 냉장보관 하고, 장기간 보관하려면 냉동해야 한다.

연어 손질하기Trimming Salmon

신선한 연어를 물에 깨끗이 씻어준비한다.

연어의 비늘을 피시 스케일러Fish Scaler를 이용하여 제거한다.

연어의 머리 뒤쪽 지느러미 안쪽으로 칼집을 넣는다.

계속하여 연어 3장 뜨기를 하기 위해 뼈와 살을 분리한다.

꼬리쪽까지 칼을 넣어 뼈와 살을 분리한다.

뒤집어서 반대 방향도 같은 방법으로 뼈와 살을 분리한다.

반대편도 꼬리쪽까지 칼을 넣어 뼈와 살을 분리한다.

분리한 연어살 가운데 부분에 핀셋을 이용하여 가시뼈를 제거한다.

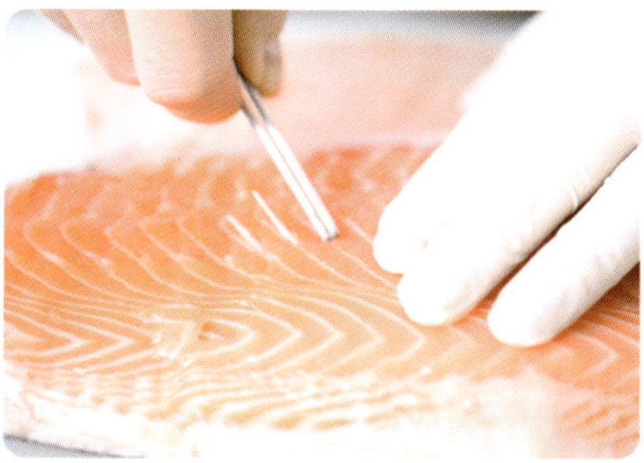

연어 몸통 중앙 부분까지 계속 뼈가 있어 가시를 제거한다.

연어 3장 뜨기로 손질하기 모습이다.

보관방법 키친타월로 감싸 랩이나 비닐봉지에 넣어 냉장보관 한다. 장기간 보관하려면 진공포장 해서 급속 냉동고에 급냉시켜 보관한다.

오징어 손질하기 Trimming Squid / Cuttle Fish

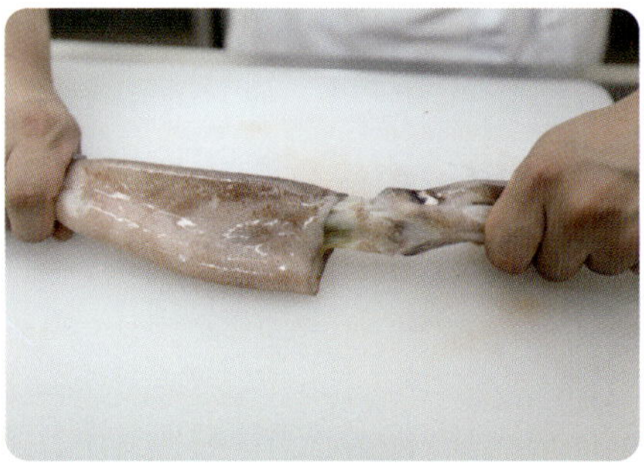

오징어의 몸통과 다리를 분리한다.

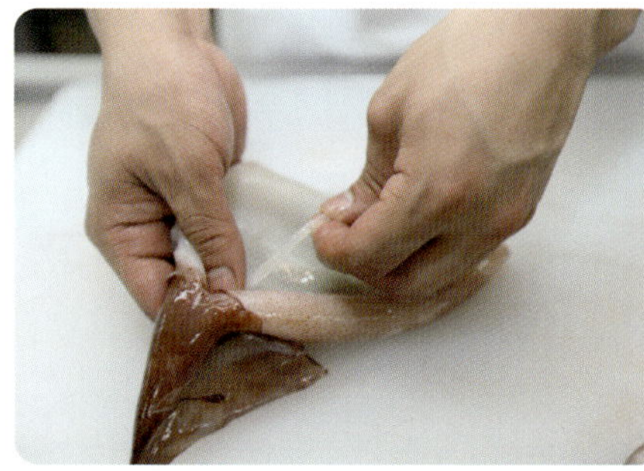

내장과 몸통 안쪽의 뼈를 제거한다.

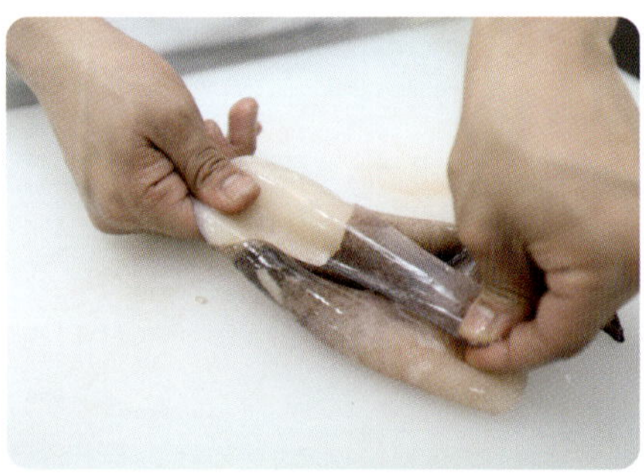

소금이나 키친타월을 이용하여 오징어의 껍질을 벗겨낸다.

다리 가운데 부분의 촉수를 제거한다.

다리 윗부분의 눈을 제거한다.

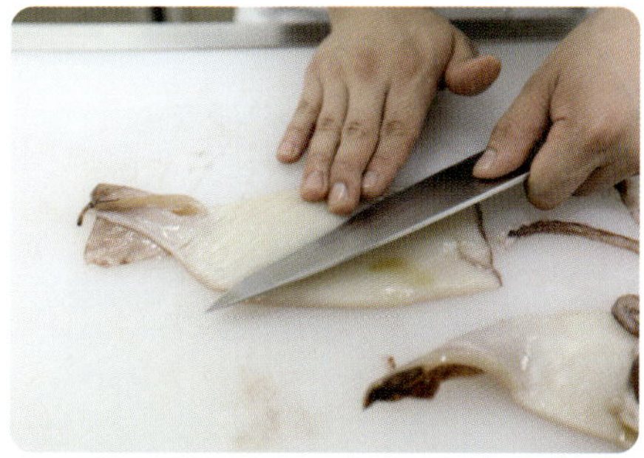

반으로 잘라 몸통 안쪽에 칼집을 넣는다.

손질한 오징어 몸통과 다리이다.

보관 방법 내장을 제거한 후 키친타월로 물기를 제거하고 랩이나 비닐봉지에 넣어 냉장보관 한다. 사용량이 적을 때는 잘라서 필요한 분량만큼씩 냉동보관 한다.

앤초비 손질하기 Trimming Anchov

멸치나 밴댕이와 비슷한 앤초비는 오일에 절여서 유통되는 것이 대부분이다.

키친타월로 오일을 닦아 준비한다.

칼로 곱게 다져낸다.

앤초비에 작은 뼈들이 있기 때문에, 채에 내려 사용한다.

보관방법 캔 안의 음식물은 한 번 익혀서 담기 때문에 그냥 먹어도 상관 없으나, 염장을 하여 오일과 소금이 과다하게 들어가 있을 수 있다. 보관은 캔 안에 들어있는 오일을 버리지 말고 같이 담아 유리병이나 진공팩에 넣어 보관한다.

키조개 손질하기 Trimming Pen Shell

키조개를 흐르는 물에 씻어 꼭지 부분에 칼을 넣어 분리한다.

위쪽 끝부분에 칼을 넣어 분리시킨다.

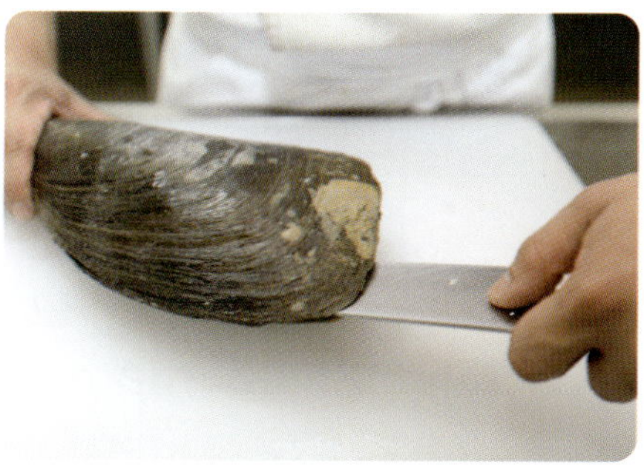

키조개 상단부의 붙어있는 연결 부분을 분리시킨다.

반으로 잘라 내장을 제거한다.

보관 방법 껍질이 있는 키조개는 젖은 신문지에 싸서 냉장보관 한다. 껍질 제거 후 살만 있는 것은 랩이나 비닐봉지에 넣어 냉장보관하고, 익혀 냉동보관도 가능하다.

5) 기타 재료 손질하기와 만들기

건대추 손질하기Trimming Dried Jujube

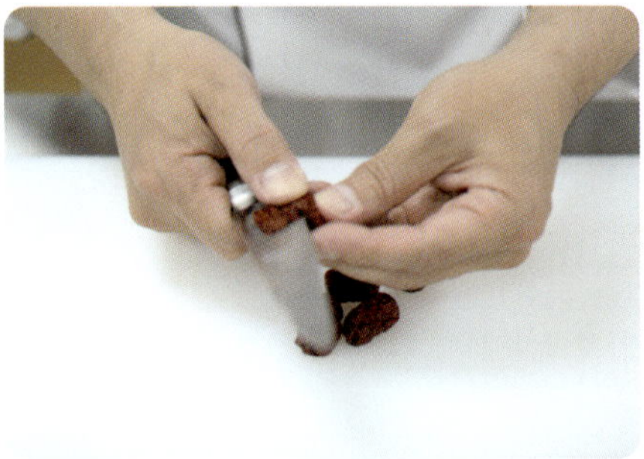

건대추의 씨를 제거하기 위해 돌려 깎기 형태로 돌려가면서 씨를 제거한다.

씨를 제거한 대추를 돌돌 말아 놓는다.

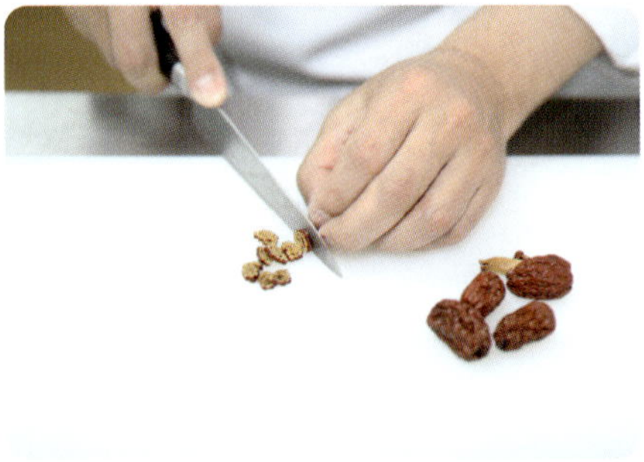

돌돌 말린 상태로 얇게 썰어 장식이나 고명으로 사용한다.

보관방법 말린 대추는 실온 보관도 가능하나, 밀폐용기에 넣어 보관하거나 냉동보관도 가능하다.

배 손질하기|Trimming Pear

배를 반으로 잘라 놓는다.

반으로 자른 배를 길이로 얇게 자른다.

럭비공 모양으로 만들어 놓는다.

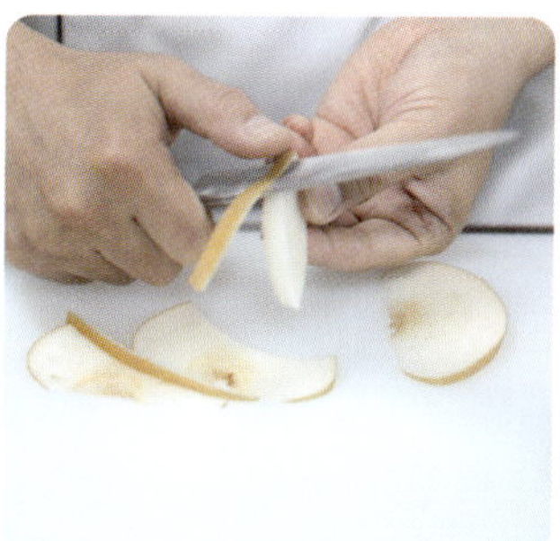

껍질을 제거한다.

손질한 배는 레드와인에 절여 요리에 사용한다.

레드와인에 절인 배를 음식에 곁들인다.

보관 방법 종이봉지에 넣어 실내에서 추가 숙성이 가능하다. 장기 보관할 경우에는 비닐봉지에 넣어 냉장보관 한다.

오렌지 손질하기 Trimming Orange

오렌지를 씻어 꼭지 부분의 과육이 보이도록 잘라낸다.

오렌지를 세로로 세워 옆면도 과육이 보이도록 껍질을 두껍게 잘라낸다.

오렌지를 속껍질 없이 속살만 도려내듯이 파낸다. 손 위에 올려 놓고 하게 되면 다칠 수 있으므로 도마에 올려 놓고 손질한다.

과육을 파내고 나서 안쪽 심지는 그대로 남아있도록 파내야 한다. 남은 속껍질과 막은 과즙을 짜내 즙으로 사용한다.

오렌지 제스트를 칼로 만들기 위해 안쪽 흰 부분을 모두 제거한다.

안쪽 흰 부분을 제거하고 겉면 껍질만 남긴다.

겉껍질을 얇게 슬라이스로 썰어낸다.

오렌지 제스트를 칼로 썰어낸다.

여러 가지 오렌지로 손질한 모습이다.

보관 방법 통째로 보관하는 것이라면 통풍이 잘되는 서늘하고 그늘진 곳에서 보관하거나 비닐봉지에 넣어 냉장보관 한다. 자른 것은 랩으로 싸서 냉장보관 한다.

은행 손질하기 Trimming Gingko Nut

프라이팬에 오일을 두르고 열을 가한다.

은행을 넣고 중불로 가열한다.

시간이 지나면 껍질이 조금씩 벗겨진다.

키친타월에 놓고 키친타월을 잡고 벗겨낸다.

키친타월에 놓고 나머지 껍질을 벗겨낸다.

손질한 은행의 모습이다.

CHEF NOTE

견과류는 볶아서 사용하자.

견과류는 볶으면 복합적인 맛이 더해지고 식감이 바삭해져서 맛이 한층 좋아진다.

- 프라이팬에서 볶을 때는 마른 팬에 견과류를 넣고 중간불로 계속 저어주면서 견과류의 색이 진해질 때까지 볶는다.
- 오븐에서 견과류를 볶을 때는 팬에 견과류를 깔고 오븐을 170~180℃로 예열한 뒤 볶는다. 중간에 한 번씩 저어주어야 하며 오븐에서 견과류를 볶으면 프라이팬보다 더 고르게 볶인다.

보관 방법 실온저장으로 약 1개월 정도 보관이 가능하고, 겉껍질을 벗겨내고 익혀서 냉동보관도 가능하다. 또한 은행에는 청산배당체가 함유되어 있어 다량으로 섭취하면 중독을 일으킬 수 있으나 익혀 섭취하면 예방할 수 있다.

잣 손질하기Trimming Fine Nut

잣은 밀봉이 잘된 것으로 골라 칼로 다지거나 팬에 살짝 볶아 사용한다.

사용하기 전 잣 알맹이 위쪽의 눈이나 껍질 등의 이물질을 제거한다.

칼로 다질 때는 깨끗한 종이를 놓고 다진다.

잣 알갱이와 다진 잣의 비교 모습이다.

보관방법 산화되면 풍미가 떨어지므로 밀폐용기에 담아 실온보관 하며, 장기간 보관하려면 냉동보관도 가능하다.

호두 손질하기Trimming WalNut

호두는 겉껍질을 제거하고 준비한다.

속껍질을 제거하기 전 미지근한 물에 10분 정도 담가 놓는다.

이쑤시개를 이용해서 속껍질을 제거한다.

보관 방법 산화되면 풍미가 떨어진다. 구입은 껍질째 구입해서 사용할 때 껍질을 제거한다. 껍질을 제거한 호두는 밀폐용기에 보관한다.

젤라틴 만들기Make a Gelatine

① 아스픽Aspic

연골 성분이 굳어져 고기 젤리Jelly와 같이 투명하게 만든 것을 말하며, 음식에는 윤기 있고 먹음직스럽게 보이도록 하고 색상이 변하는 것을 방지하며, 채소와 육류를 결합시키면서 파이나 테린 속을 채우는 소로 사용되는 것을 아스픽이라고 한다. 아스픽의 재료에는 젤라틴과 한천이 있다.

② 젤라틴의 사용

- 요리나 음식에 직접 첨가하여 결착제나 팽윤제로 사용하며 무스, 젤리, 테린, 묵 등이 있다.
- 요리대회 음식 코팅제로 사용한다.

③ 요리작품과 식재료 코팅

- 주요리 코팅, 갤런틴 코팅, 테린
- 가니쉬와 소스 코팅
- 디저트 코팅

④ 젤라틴 겔 강도

사용 용도	물 1리터 당 젤라틴 양	젤라틴 겔 강도	비 고
콩소메 젤리, 과일 젤리, 1인분 분량의 메인요리에 사용	15g	섬세한 겔 (Delicate Gel)	
카나페, 쇼프로와 젤리 모양의 흰색소스, 개별 요리를 단순 코팅 할 때 사용	30g	코팅 겔 (Coating Gel)	

사용 용도	물 1리터 당 젤라틴 양	젤라틴 겔 강도	비 고
속을 채운 채소 테린, 썰어서 나가는 요리에 사용	58g	슬라이스 가능 겔 (Sliceable Gel)	
접시 코팅, 요리대회에 사용	110g (추가설탕 30g)	고강도 겔 (Firm Gel)	

⑤ 요리대회를 위한 젤라틴 작업 시 유의사항

- 준비작업부터 손의 지문방지를 위해 요리용 위생장갑을 착용한다.
- 젤라틴가루를 녹일 때 중탕의 물은 71℃를 유지한다.
- 코팅할 시 아스픽(젤라틴)의 온도는 32~36℃를 유지해야 한다.
- 코팅 처리를 하고 2차로 밑으로 떨어지는 젤라틴의 처리를 깨끗하게 해야 한다.
- 온도가 높아지게 되면 젤라틴에서 동물성 냄새가 나게 되므로 온도를 높이지 않아야 한다.

판 젤라틴(1kg, 500매)

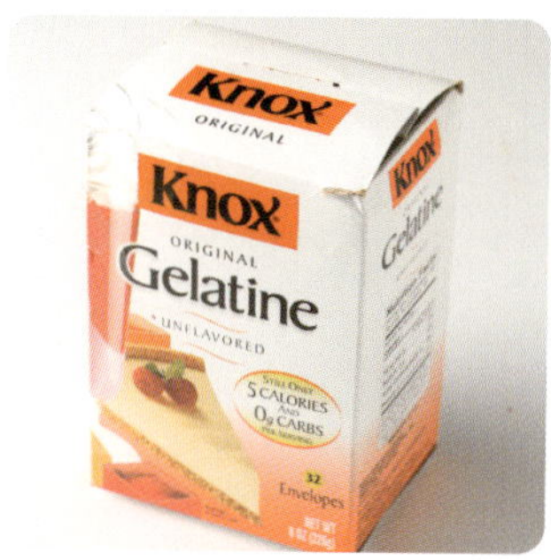

가루 젤라틴(녹스, 1kg, 500g)

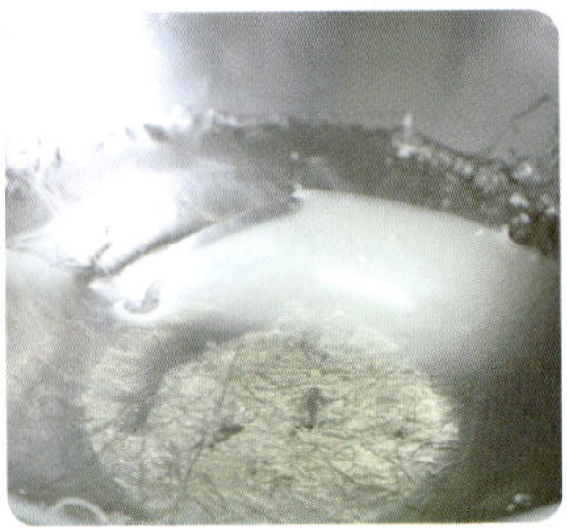

판 젤라틴(1장 당 2g)은 찬물에 불려 사용한다.

불린 판 젤라틴의 물기를 제거하여 준비한다.

물기를 제거한 판 젤라틴은 중탕으로 열을 가해 바로 사용한다.

가루 젤라틴은 저울에 무게를 측정하여 사용한다.

찬물에 젤라틴을 넣고 젤라틴에 물이 스며들도록 한다.

가루 젤라틴을 휘퍼로 서서히 저어주면서 70℃까지 가열한다. 열을 가열할 때 생성되는 거품은 제거한다.

젤라틴의 온도 저하를 예방하기 위해 스티로폼에 뜨거운 물을 넣어 준비한다.

스티로폼에 구멍을 내어 젤라틴의 온도를 일정하게 유지시킨다.

핀셋이나 도구를 이용하여 젤라틴을 코팅한다.

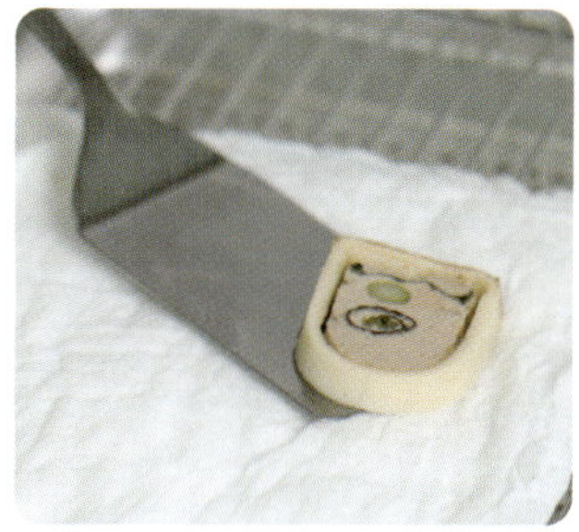

코팅 처리를 하고 2차로 밑으로 떨어지는 젤라틴의 처리를 위해 여분의 천을 깔고 깨끗하게 처리한다.

작은 식재료들은 이쑤시개를 이용해 스티로폼에 꽂아 코팅한다.

사용이 끝난 기구나 도구들은 끓는물에 세척한다.

준비가 끝나면 재료를 접시에 담는다.

장식용 튀일 만들기Make a Tuile

① 치즈 튀일

파르미지아노 레지아노 치즈나 그라나 파다노 치즈를 강판에 갈아 준비한다.

마른 팬에 갈아놓은 치즈를 올려 열을 가한다.

치즈가 녹은 후 구멍이 생긴다.

뜨거울 때 팬에서 꺼낸다.

뜨거울 때 형태를 만들어줄 작은 볼이나 기구를 준비해서 올려준다.

허브를 뿌리거나 견과류를 섞어 응용할 수 있다.

② 밀가루 오일 튀일

밀가루를 기준으로 1

오일 2 또는 3 준비

물 7 또는 10

휘퍼로 잘 저어준다.

프라이팬에 넣고 열을 가한다.

처음에는 저어주고, 시간이 지나면 그대로 수분을 날려보낸다.

프라이팬에서 꺼내 기름을 제거한다.

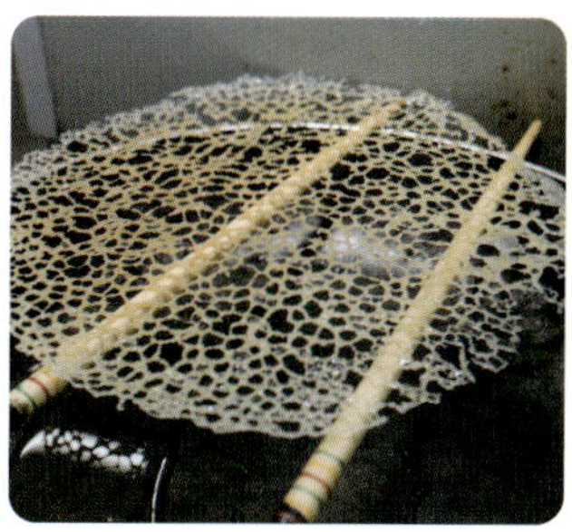

건조시킨다.

③ 아몬드 튀일

아몬드 슬라이스와 설탕, 밀가루, 버터, 달걀흰자를 넣고 프라이팬에서 볶아 준비한다.

오븐용 시트에 덜어 놓는다.

시트를 다시 덮고 밀대로 밀어 얇게 펴서 놓는다.

얇게 펴서 준비한다.

원형 모양으로 찍어서 빼낸다.

몇 개 더 찍어서 모양이 더 좋은 것으로 사용한다.

※ 프랑스어로 튀일(Tuile)은 '기와'를 뜻한다. 튀일의 모양이 건물 상단에 올려진 기와와 같이 곡선을 그리는 데서 비롯하였다. 튀일은 얇고 바삭바삭한 식감을 가진 과자로 컵이나 볼, 밀대 같이 둥근 사물에 반죽을 덧대어 모양을 잡는다. 페이스트리 크림과 같은 부드러운 질감의 크림이나 무스, 베리 종류의 과일, 아이스크림, 셔벗 등을 곁들여 먹을 수 있다.

밀가루와 버터로 반죽해서 틀을 이용하여 시트지 위에 올린다.

시트지를 조심히 오븐에 넣어 구워내서 사용한다.

크루통 만들기Make a Crouton

식빵을 1.5cm 길이로 자른다.

길이로 자른 식빵을 다시 정사각형의 주사위 모양으로 1.5cm 두께로 자른다.

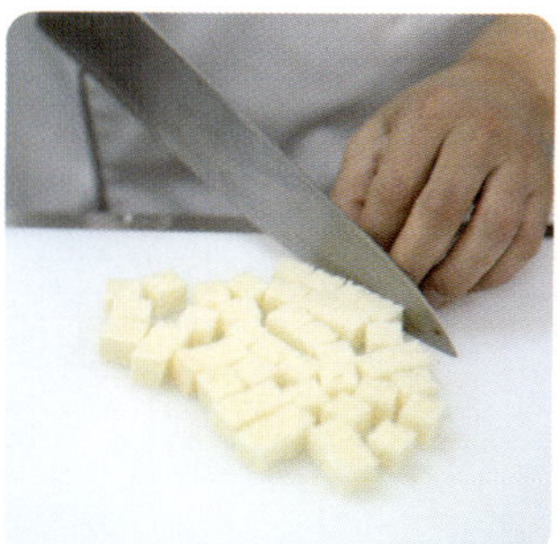

모양과 크기가 일정하게 자른다.

자른 식빵의 모양이다.

버터나 마늘을 넣은 프라이팬에서 겉면이 브라운 색이 나도록 볶아낸다.

보관 방법 크루통은 수프나 샐러드 위에 주로 올려 사용하며, 수분을 날려주어야 바삭한 식감이 좋으며 보관도 용이하다.

마요네즈 만들기 Make a Mayonnaise

달걀을 깨서 노른자를 분리하여 믹싱볼에 넣고 소금, 후추를 약간만 넣는다.

휘퍼를 준비하여 한쪽 방향으로 조금씩 저어준다.

거품기로 조금씩 저어 유화시킨다.

오일을 조금씩 천천히 넣으면서 거품기로 계속 저어 유화시킨다.

농도가 걸쭉해지면 식초와 레몬주스를 넣는다. 식초나 레몬주스를 넣으면 걸쭉한 농도가 묽어지고 색도 옅어진다.

처음 소금, 후추로 간을 했기 때문에 소량을 첨가하여 간을 맞춘다.

볼에 담아 사용한다.

직접 만든 마요네즈이다.

보관방법 시중에서 시판되는 마요네즈보다 직접 만들었지만, 첨가물이 들어가지 않아 쉽게 변질될 수 있어 빠른 시간 안에 사용해야 하며 냉장보관 한다.

04 조식

아침식사를 뜻하는 Breakfast는 Break '깨다'와 Fast '단식, 금식'의 두 단어가 합쳐진 말로 '밤새 지속했던 금식을 깬다'는 의미이다. 아침식사는 하루의 일과를 시작하면서 가장 먼저 접하는 것으로 10~12시간 정도의 긴 시간의 공백을 둔 상태이므로 위에 부담을 주지 않는 부드러운 종류가 바람직하며, 하루를 시작하는 식사인 만큼 고열량과 고른 영양성분으로 우리 몸이 필요로 하는 영양분을 흡수하도록 해야 한다. 조식은 곡물류, 빵류, 생선, 달걀요리, 과일류, 커피와 티, 주스류를 포함한 음료 등이 있으며, 채식주의자나 건강을 중시하는 고객을 위한 건강식 메뉴도 포함되어 있다.

1) 서양 조식의 종류

(1) 미국식 조찬American Breakfast

주스, 빵, 달걀요리 그리고 커피나 홍차로 구성된다. 달걀요리에 감자는 기본으로 제공되고 베이컨, 햄, 소시지 등이 곁들여진다. 호텔에서는 업 세일Up-sale 차원에서 시리얼이나 요거트 등이 제공되기도 한다.

(2) 유럽식 조찬Continental Breakfast

영국식 조찬과 구별을 위해 대륙식 조찬이라고도 하며 주스, 토스트 또는 데니시, 도넛, 크루아상 등에 커피나 홍차 등으로 구성되는 간단한 식사이다.

(3) 영국식 조찬English Breakfast

미국식과 비슷하나 생선구이Sole or Halibut 또는 포치한 생선, 미니 스테이크가 추가

되며, 달걀요리는 생선이나 스테이크와 함께 프라이드 에그 한 개가 제공된다. 생선이나 미니 스테이크는 일반 식사와는 달리 100g 정도로 소량이 제공된다.

미국식 조찬

유럽식 조찬

영국식 조찬

(4) 건강식 조찬Healthy Breakfast

건강식 메뉴로 미네랄과 비타민이 풍부하고 저지방 식품으로 구성된 것이다. 채소, 과일, 무가당 생과일주스, 플레인 요거트, 그라놀라, 버터가 들어가지 않은 빵류, 무카페인 커피 또는 홍차 등으로 구성된 식사이다.

(5) 뷔페식 조찬Breakfast Buffet

일반 뷔페 메뉴와는 조금 다른 구성으로 신선하고 부드러운 식재료를 사용하여 조리한 여러 가지 종류의 음식을 뷔페 형태로 제공하는 것이다. 호텔에서 객실을 이용하는 고객을 위하여 제공되는 조식의 형태로, 투숙객들이 일정에 따라 바쁘게 움직이는 점에 착안하여 시작되었으며, 전 세계적으로 보편화되고 있는 추세이다. 다양한 빵, 달걀요리, 주스류를 기본으로 각종 채소, 곡류, 고기류 등 약 50여 가지로 구성되어 있으며 각 나라나 지방의 특색 음식들이 포함된다.

건강식 조찬

뷔페식 조찬

2) 서양 조식요리의 종류

(1) 달걀요리Egg

달걀요리는 조식 중 주 요리에 해당하며 대개 1인분에 2개이다. 오믈렛이나 그 외 특별한 요리를 할 때는 3개를 사용하기도 한다. 조리 방법에 따라 프라이드 에그, 서니 사이드 업, 스크램블 에그, 보일드 에그, 포치드 에그, 오믈렛 등이 있으며, 달걀요리에는 감자가 함께 곁들여지며 고객의 주문에 의해 햄, 베이컨, 소시지 등이 추가되기도 한다.

① 프라이드 에그Fride Egg

오일이나 정제버터Clarified Butter를 두른 팬 또는 그리들Griddle의 온도가 120℃ 정도가 되면 달걀 2개를 넣고 흰자가 1/2 정도 익으면 뒤집는다. 이때 노른자가 파손되지 않도록 주의해야 한다. 일반적으로 프라이드 에그는 오버 이지를 말하지만, 구체적으로 세분화하면 다음과 같다.

- 오버 이지Over Easy : 깊이가 적당이 있는 볼에 껍질을 깨서 담은 달걀 2개를 오일이나 버터를 두른 팬 또는 그리들에 넣어 흰자가 1/2 정도 익으면 노른자가 깨지지 않도록 조심스럽게 뒤집어준다. 흰자만 익고 노른자는 익지 않은 상태이다.
- 오버 미디엄Over Medium : 오버 이지와 같은 방법으로 조리하는데, 노른자를 반 정도 익히는 것이다.

● 오버 하드Over Hard / Over Well-done : 오버 이지와 같은 방법으로 조리하는 것으로 노른자를 완전히 익힌다. 팬에 노른자를 깨뜨려 익힌 상태에서 뒤집어 조리하거나 노른자가 반 정도 익었을 때 뒤집어 완전히 익히기도 한다.

② 서니 사이드 업Sunny-side Up

깊이가 있는 볼에 껍질을 깨서 준비한 달걀 2개를 오일이나 버터를 두른 팬 또는 그리들에 넣고 뒤집지 않고 한쪽만 익히는 것이다. 흰자만 익히고 노른자가 선명한 태양처럼 살아있어야 한다. 낮은 온도에서 조리하면 흰자가 많이 퍼지고 너무 높은 온도는 흰자가 질겨지거나 타서 지저분해질 수 있으므로 120~130℃ 정도의 온도에서 조리해야 한다.

③ 스크램블 에그Scrambled Egg

부서진 달걀이라고 불리기도 하는 스크램블 에그는 두 개의 달걀을 믹싱 볼에서 거품기로 잘 휘저어 노른자와 흰자가 잘 섞였을 때 우유 또는 생크림을 15㎖ 정도 넣고 혼합하여 오일류를 두르고 가열한 팬에 넣어 재빨리 휘저으며 덩어리지지 않고 부드럽게 만든다.

스크램블 에그는 달걀을 부드럽게 풀어준 경우에 잘 조리되며, 너무 오래 조리하면 단단해지므로 주의해야 하고, 부드럽게 만들기 위해 첨가되는 우유나 생크림의 양이 많으면 조리 후 쉽게 분리되어 물이 생길 수 있으므로 유의해야 한다.

④ 포치드 에그Poached Egg

포치드 에그는 조식 식단으로 인기 있는 달걀요리로 에그 보헤미안, 에그 베네딕트, 에그 찬탈리 등에 광범위하게 사용된다. 만드는 방법은 얕은 냄비에 물 2리터 이상에 소금 1/2테이블스푼, 식초 1테이블스푼을 첨가하여 가열한다. 92~95℃를 넘지 않는 낮은 온도에서 조리하여 단백질 식품이 건조하고 딱딱해지는 것을 방지하고 부드러움을 살리는 조리 방법이다.

작은 볼에 준비해둔 신선한 달걀을 뜨거워진 물에 살며시 넣어 흐트러지지 않게 만든다. 달걀을 넣고 2~3분 정도 삶으면 소프트 포치드, 5분 정도 삶으면 미디엄 포치드, 7~8분 정도 삶으면 하드 포치드 에그가 된다. 식초는 흰자의 단백질 성분을 단단하게 응고되도록 하여 흰자의 퍼짐을 억제시켜 준다. 완성되면 수분을 제거하고 토스트 위에 얹어야 한다.

⑤ 보일드 에그Boiled Egg

보일드 에그는 약간의 소금과 식초를 넣고 끓는물에서 통째로 달걀을 삶아낸 것을 말한다. 삶을 때는 지나치게 높은 온도에서 삶지 않아야 하며, 끓는물에 넣을 때 깨지지 않도록 주의해야 한다. 고객의 주문에 따라 익은 정도를 달리 만드는데, 소프트(미숙)는 3~4분, 미디엄(반숙)은 5~6분, 하드(완숙)는 10~12분 정도 익힌다. 근래에는 자동기계를 이용하여 보다 정확하고 간편하게 조리가 가능하다.

⑥ 오믈렛Omelet

오믈렛은 달걀요리 가운데 아침과 점심 식단으로 인기 있는 요리이다. 간단하고 쉬운 요리이면서도 조리하기 까다로운 요리 중 하나로, 온도를 잘 조절하면서 휘저은 달걀을 굳기 전 둥글게 말아 럭비공 모양으로 만들면서 익히는 요리이다. 보통 달걀 2~3개로 만들며, 보기 좋은 모양과 형태를 만들기 위해 첨가물 없이 달걀만으로 만든 것을 플레인 오믈렛Plain Omelet이라고 한다. 들어가는 소스나 재료에 따라 명칭이 달라지며 베이컨 오믈렛Bacon Omelet, 플로렌스식 오믈렛Florence Style Omelet, 새우 오믈렛Shrimp Omelet, 스패니시 오믈렛Spanish Omelet, 파머식 오믈렛Omelet Farmer Style, 헝가리안식 오믈렛Omelet Hungarian Style, 멕시칸 오믈렛Mexican Omelet, 그린 베지터블 오믈렛Green Vegetables Omelet 등 다양한 종류가 있다.

⑦ 에그 베네딕틴Eggs Benedictine

베네딕트 수도원식 달걀요리이다. 반으로 잘라 토스트한 잉글리시 머핀English Muffin 위에 햄과 수란 2알을 올리고, 홀렌다이즈소스Hollandaise Sauce를 끼얹어 살라만다Salamander로 소스의 색을 연한 갈색으로 내어 완성한다.

⑧ 달걀 상태 확인방법

- 껍데기를 깨서 노른자와 흰자의 상태를 확인한다 : 노른자의 높이, 농후난백의 양, 이물질 여부 등으로 신선한 달걀 여부를 판단할 수 있다. 신선한 달걀은 노른자의 높이가 높고 농후난백이 많으나, 시간이 지날수록 노른자의 높이가 낮아지며 수양난백이 많아진다.

- 소금물에 달걀을 담가본다 : 3~4%의 소금물에 달걀을 넣어본다. 이 달걀이 수면 가까이 떠오르면 신선도가 떨어지는 달걀이므로 사용하지 않아야 한다.

CHEF NOTE

완전식품인 달걀

현대에는 콜레스테롤이 높고 성인병에 부담을 주어 기피하는 재료 중 하나이지만, 달걀은 음식이 부족했던 시기에 매우 귀한 식품이었다. 영양적으로 비타민 C를 제외한 모든 영양소를 함유하고 있는 흔히 말하는 완전 영양식품이다. 달걀에는 콜레스테롤이 달걀노른자 100g에 230mg이 들어있지만, 혈중 콜레스테롤을 제거하는 작용이 있는 인지질인 레시틴도 다량으로 함유하고 있어 혈중 콜레스테롤 수치가 상승하는 것을 막아주는 작용을 한다.

(2) 조찬용 빵Breakfast Breads

아침식사에 제공되는 빵은 다양하다.

- 토스트 브레드Toast Bread
- 크루아상Croissant
- 베이글Bagel
- 데니쉬 패스트리Danish Pastry
- 와플Waffle
- 바게트Baguette
- 도넛Doughnut

- 머핀Muffin
- 잉글리시 머핀English Muffin
- 호밀빵Rye Bread
- 롤빵Breakfast Roll, Hard Roll, Soft Roll
- 프렌치토스트French Toast : 삼각형으로 자른 샌드위치 빵을 달걀, 우유, 설탕, 바닐라향 등의 혼합물에 적셔 노릇하게 색이 나도록 익혀낸 것이다.
- 계피향 토스트Cinnamon Toast : 프렌치토스트용 빵에 버터, 설탕, 시나몬 가루를 발라서 구운 것이다.
- 팬케이크Pancake : 밀가루, 달걀, 버터, 우유 등으로 반죽하여 구운 것으로 따듯하게 제공되며, 메이플 시럽이나 꿀 또는 버터가 함께 제공되고 햄, 베이컨, 소시지 등을 곁들이기도 한다.

(3) 시리얼류Cereals : 곡물류

시리얼은 한 끼 식사에 필요한 무기질, 비타민, 탄수화물, 단백질과 같은 영양소를 골고루 함유하고 있으며, 대중적인 곡류는 쌀, 귀리, 밀, 옥수수, 기장, 수수, 보리 등이다.

① 더운 시리얼류Hot Cereals

곡류를 우유나 스톡과 함께 가열 조리하여 부드럽게 만든 죽 형태이다.

- 오트밀Oatmeal, 귀리죽 : 끓는물에 오트밀을 넣고 5분 정도 조리한 다음 우유를 첨가하여 농도를 조절하며 끓인 후 소금과 설탕으로 마무리한다.
- 크림 오브 위트Cream of Wheat, 밀죽
- 크림 비프Cream Beef, 소고기죽

② 찬 시리얼류Cold Cereals

다양한 곡류를 가열하지 않고 먹을 수 있도록 가공한 것이다. 우유나 주스 등의 음료와 함께 제공되며 취향에 따라 얇게 썬 생과일 또는 마른과일류를 곁들인다.

- 콘플레이크Corn Flakes : 옥수수 낱알을 으깨고 납작하게 가공한 것
- 레이진 블랜Raisin Bran : 밀기울을 으깨어 납작하게 가공한 것과 건포도를 섞은 것
- 올브랜All Bran : 밀기울을 으깨어 납작하게 가공한 것
- 라이스 크리스피Rice Crispy : 쌀알을 튀긴 것
- 쉬레디드 위트Shredded Wheat : 밀을 으깨고 조각내어 모양을 만들어 구운 것
- 비르쉐 무슬리Bircher Muesli / Swiss Oatmeal : 신선한 과일과 벌꿀, 호두, 요거트, 건포도, 견과류 등을 넣어서 만든 건강식 오트밀로 스위스 오트밀이라고 한다.
- 발리 플레이크Barley Flakes : 보리를 가공한 것
- 퍼프트 라이스Puffed Rice : 쌀을 가공한 것

(4) 과일Fruit

아침식사용으로 제공되는 과일에는 신선한 과일Fresh Fruits과 통조림 과일Tinned Fruits이 있다. 통조림 과일은 당절임Fruits Compote과 스튜과일Stewed Fruits이 있으며, 아침식사 시에는 비타민이 풍부하고 수분함량이 많은 신선한 과일을 식사 전 소량 제공하여 빈속의 부담을 덜어주고 식욕을 촉진시킨다.

① 신선한 과일

- 자몽 : 스푼으로 떠먹기 좋게 반으로 잘라 손질한 후 차게 제공한다.
- 과일접시 : 다양한 종류의 과일을 계절에 따라 제공한다.

② 통조림 과일

서양자두Stewed Prune, 무화과Stewed Figs, 복숭아 콤포트Peach Compote, 파인애플 콤포트Pineapple Compote, 혼합과일 콤포트Fruit Cocktail Compote 등이 있다.

(5) 과일 주스류Fruit Juice

과일 주스는 생즙 주스와 통조림 주스가 일반적이며, 기호에 따라 채소나 다른 과일을 혼합한 혼합 주스가 있다. 신선도 유지 및 보관의 효율적 관리와 메뉴가격 등을 고려하여 선택적으로 제공된다.

① 생즙 주스류

일반적으로 시장에서 유통되는 신선한 과일을 이용해 즙 형태로 만드는 것으로, 제철과일 또는 고객층의 선호도에 따라 필요한 과일을 준비하여 주문 시 즉시 즙을 내어 제공한다.

- 사과 생주스Freshly Squeezed Apple Juice
- 자몽 생주스Freshly Squeezed Grapefruit Juice
- 토마토 생주스Freshly Squeezed Tomato Juice
- 오렌지 생주스Freshly Squeezed Orange Juice
- 키위 생주스Freshly Squeezed Kiwi Juice
- 파인애플 생주스Freshly Squeezed Pineapple Juice
- 딸기 생주스Freshly Squeezed Strawberry Juice
- 멜론 생주스Freshly Squeezed Melon Juice

② 캔 주스류

유통, 보관 관리상의 편리성으로 인해 캔이나 팩 가공이 가능한 다양한 종류의 주스가 제공된다.

- 사과 주스Apple Juice
- 자몽 주스Grapefruit Juice
- 오렌지 주스Orange Juice
- 파인애플 주스Pineapple Juice
- 포도 주스Grape Juice
- 망고 주스Mango Juice

- 토마토 주스Tomato Juice
- 사과 당근 주스Apple-carrot Juice

(6) 차와 음료Tea and Beverage

아침에 제공되는 음료로 대체로 커피류, 녹차, 홍차, 우유 등이다. 일반적으로 커피와 홍차의 경우는 제일 먼저 제공되고 식사가 끝날 때까지 계속 제공된다.

- 커피Freshly Brewed Coffee
- 녹차Green Tea
- 우유Milk
- 다즐링 차Darjeeling Tea
- 차가운 초콜릿Cold Chocolate
- 얼그레이차Earl Grey
- 홍차Yellow Lipton Tea
- 카페오레Cafe Au Lait
- 인삼차Ginseng Tea
- 뜨거운 초콜릿Hot Chocolate
- 요거트Yoghurt

05 소스와 스톡

1) 소스

(1) 소스의 개요

소스Sauce는 음식 본래의 맛을 유지하면서 풍미를 더 좋게 하고 영양가를 더하여 요리의 가치와 질을 높이기 위한 것으로, 음식을 조리할 때 넣거나 먹을 때 곁들이는 유동식 또는 반유동식 혼합물들의 총칭이다. 소스는 스톡Stock에 여러 가지 재료를 첨가하여 만드는데, 농후제를 사용하여 농도를 맞춘다. 이렇게 만들어지는 소스는 수백 종에 이르나 기본적으로 크게 다섯 가지 모체소스 베샤멜Bechamel, 벨루테Veloute, 데미글라스Demiglace, 토마토Tomato, 홀렌다이즈Hollandaise로 나뉜다. 이 모체소스들은 여러 가지 부재료의 사용에 따라 파생소스가 나오므로, 모체소스를 잘 익히면 파생소스를 개발하는데 쉽게 접근할 수 있다.

소스 조리 시 주의할 점은 소스가 요리의 맛을 압도하는 향이 나서는 안 되고, 요리와 조화롭게 결합하여 독특한 풍미를 창출해야 한다. 농도, 광택, 색체가 맞지 않으면 요리의 질을 떨어뜨릴 수 있기 때문에 모든 요소가 잘 조화를 이루어야 한다. 소스 농도는 크림 농도 정도로 덩어리지는 것 없이 흐르는 정도가 이상적이며, 색은 주재료와 접시 등과 조화를 이루고 윤기가 나야 한다.

(2) 소스의 기본 구성요소

① 스톡

스톡Stock은 고기와 뼈, 채소, 향신료 등을 이용하여 추출해 낸 국물로, 소스의 맛을 좌우하는 기본이며 소스 생산의 가장 중요한 조리 과정이므로 만들고자 하는 소스와 잘 조화되면서 깊은 맛을 낼 수 있도록 생산해야 한다. 스톡은 맛을 너무 강하게 만들면 안 되며, 대량으로 만들어 일정기간 보관하면서 필요할 때 사용하게 되므로 이물질이나 다른 향이 첨가되지 않도록 보관 시 주의해야 한다.

② 농후제

농후제Thickening Agents는 특별한 경우를 제외하고 대부분 곡류로 만든 것을 사용한다. 이는 스톡을 걸쭉하게 만들기 위해 녹말의 호화를 이용하여 젤라틴화시키기 위한 것이다. 녹말은 탄수화물 다당류 물질로 물에 그냥 녹지 않으나 가열에 의해 녹아서 콜로이드 상태의 졸Sol이 되는 성질이 있다. 이 성질을 이용하여 녹말에 물을 부어 가열하면 녹말 입자가 팽창하여 끈끈한 점성이 강한 액체가 되는데, 이를 '녹말의 호화'라고 한다. 이 호화에 의해 생긴 끈끈한 점성이 다른 물질과 결합시켜주는 역할을 할 뿐 아니라 구강 내에 머무르는 시간이 늘려 맛과 감촉을 상승시키는 것이다.

가. 루Roux

서양요리에서 많이 사용하는 대표적인 농후제로, 버터와 밀가루를 같은 비율로 팬에 볶아 낸 것이다. 루는 밀가루에 버터의 지방성분이 싸여 포화상태가 될 때까지 잘 저으면서 볶아야 쉽게 풀어지거나 엉기는 것을 방지할 수 있다.

● 화이트 루White Roux

밀가루와 버터를 혼합하여 약한 불에서 밝은 색을 유지하도록 볶아서 만드는 것으로, 작은 기포가 올라오면서 윤기를 띤 상태가 되면 조리를 멈춘다. 화이트소스나 포타주 등에 사용한다.

두꺼운 소스 팬에 버터를 약불로 녹인다.

녹인 버터에 밀가루를 넣고 잘 볶는다.

볶는 과정에서 루에 기포가 생기면서 끓어오르면 화이트 루가 완성된다.

화이트 루에서 조금 더 볶으면 블론디 루가 완성된다.

● 브론디 루Blond / Pale Roux

화이트 루보다 색을 조금 더 낸 것으로, 약한 불에 볶다가 마지막에 불을 조금 강하게 하여 캐러멜화가 시작되기 직전에 조리를 멈춰 은은한 빛깔이 나도록 만든다. 벨루테소스와 은은한 색과 향을 필요로 하는 소스에 사용한다.

● 브라운 루Brown Roux

캐러멜화가 시작되어 색이 나기 시작하면 중불로 짙은 갈색이 날 때까지 볶은 것이다. 밀가루의 글루텐 성분이 열로 인해 줄어들었기 때문에 농도 조절에 많은 양이 필요하다. 브라운소스나 진한 소스 등에 사용한다.

블론디 루에서 계속 더 볶으면 갈색으로 변하면서 브라운 루가 완성된다.

왼쪽부터 화이트 루, 브론디 루, 브라운 루

● 루를 사용할 때 주의할 점Guidelines for Using Roux

- 많은 양을 사용해야 할 때는 한꺼번에 넣지 말고 소량씩 덜어 잘 풀어주면서 넣어야 덩어리지지 않고 원하는 농도를 만들 수 있다. 소스의 농축 정도를 결정하고 루의 사용량을 조절해야 한다.
- 너무 뜨거운 루의 사용은 피하는 것이 좋다. 루나 스톡 중 한 가지는 따듯하게 다른 한 가지는 따듯하지 않게 해서 풀어주면 덩어리 없이 부드럽게 풀린다. 높은 열 상태에서 루를 사용하면 결합 시 방울이 튀는 현상이 생겨 위험하고 차가운 경우에는 덩어리가 잘 풀리지 않는다. 대부분 루는 고체로 변하지 않기 때문에 실온에 두고 사용한다.
- 바닥면이 얇은 소스 팬을 사용하면 눌러 붙거나 타서 색과 맛에 변화를 일으킬 수 있으므로 주의해야 한다. 바닥면이 두꺼운 포트를 사용하는 것이 좋다.
- 알루미늄이나 무쇠로 된 기물을 사용하면 마찰로 인해 금속성 냄새가 첨가되거나 화학변화로 인해 색이 변할 수 있으므로 주의해야 한다.

나. 전분Starch

아주 미세한 분말 형태로 이루어져 있으며 옥수수Corn, 칡Arrow Root, 타피오카Tapioca, 쌀Rice, 감자녹말Potato Starch 등이 있다. 응집력과 광택이 훌륭한 농축제이나 분리되기 쉬운 성질과 자체의 맛 성분 때문에 서양요리에서 사용하는 경우는 적은 편이다. 전분을 사용해야 할 경우는 소스에 넣기 전에 물에 완전히 풀어준 후 끓고 있는 소스에 소량씩 넣으며 잘 혼합시켜주어야 한다.

다. 베르마니에Beurre Manie

베르마니에는 프랑스어로 '치댄 버터'라는 뜻이다. 밀가루와 버터를 같은 비율 또는 1:2의 비율로 부드러워질 때까지 비비거나 치대서 섞은 후 사용한다. 소스의 농도를 조절할 때 사용하는데 너무 오래 끓이면 분리 현상이 일어날 수 있기 때문에 소스 조리의 마지막 단계에서 조금씩 넣어 농도를 조절한다. 버터는 소스의 맛과 향, 빛 등을 좋게 하고 밀가루는 버터만 사용하는 것보다 소스를 오래 보관할 수 있게 해준다.

라. 리애종Liaison

리애종은 단순히 소스에 농도를 내기 위한 것이 아니라, 풍미와 영양을 더하고 질감과 색 조절까지 한다. 달걀노른자나 크림을 각각 이용하는 경우와 달걀노른자에 크림을 혼합(1 : 3)하여 사용하는 경우 등이 있다. 일반적으로 후자의 경우를 많이 사용하며 달걀노른자가 들어간 것을 사용할 때는 특히 온도에 신경을 쓴다. 너무 뜨거울 때 첨가하면 달걀노른자가 익으면서 소스에 덩어리 현상이 일어나기 때문에 소스가 따듯한 상태일 때 재빨리 저으면서 넣어야 한다. 달걀노른자는 65~70℃ 사이에서 응고가 시작되며, 리에종을 넣고 완성된 수프나 소스는 85℃가 넘으면 덩어리 현상이 일어나면서 굳어진다. 그러므로 달걀노른자가 함유된 리에종은 65℃ 미만일 때 풀어주는 것이 적당하고, 완성된 수프나 소스의 저장온도는 85℃ 미만이어야 한다.

마. 버터Butter

버터도 농후제 역할을 하기도 하는데, 수프를 끓인 다음 버터의 풍미를 더하기 위해 불에서 내린 다음 포마드 상태의 버터를 넣고 잘 저어주면 약간의 농도를 더할 수 있다. 버터는 높은 온도로 가열하면 물과 기름이 분리되어 농후제 역할을 할 수 없으나, 60℃ 정도의 따듯한 소스의 버터소스는 버터의 농도를 이용한 소스라고 할 수 있다.

(3) 소스의 분류

색에 의한 소스는 17세기경부터 차가운 소스와 더운 소스로 분류되기 시작했으며, 그 후 모체소스와 파생소스를 구분하였고, 다시 갈색소스와 흰색소스 등으로 색에 따라 분류되고 체계화되면서 수없이 많은 소스들이 만들어졌다. 이 소스들은 재료가 한 가지만 달라져도 다시 분류되어야 하지만, 정해진 규정이 없기 때문에 사용된 재료나 사용 목적 등에 따라 상식에 의해 분류되거나 요리사들의 오랜 경험과 연구 등을 통해 정형화되면서 재분류되기도 한다. 소스는 일반적으로 색, 용도, 기초소스, 주재료에 의한 분류 등으로 구분할 수 있다.

모체소스와 파생소스 차트 Mother Sauce & Derivatives Sauce Flow Chart

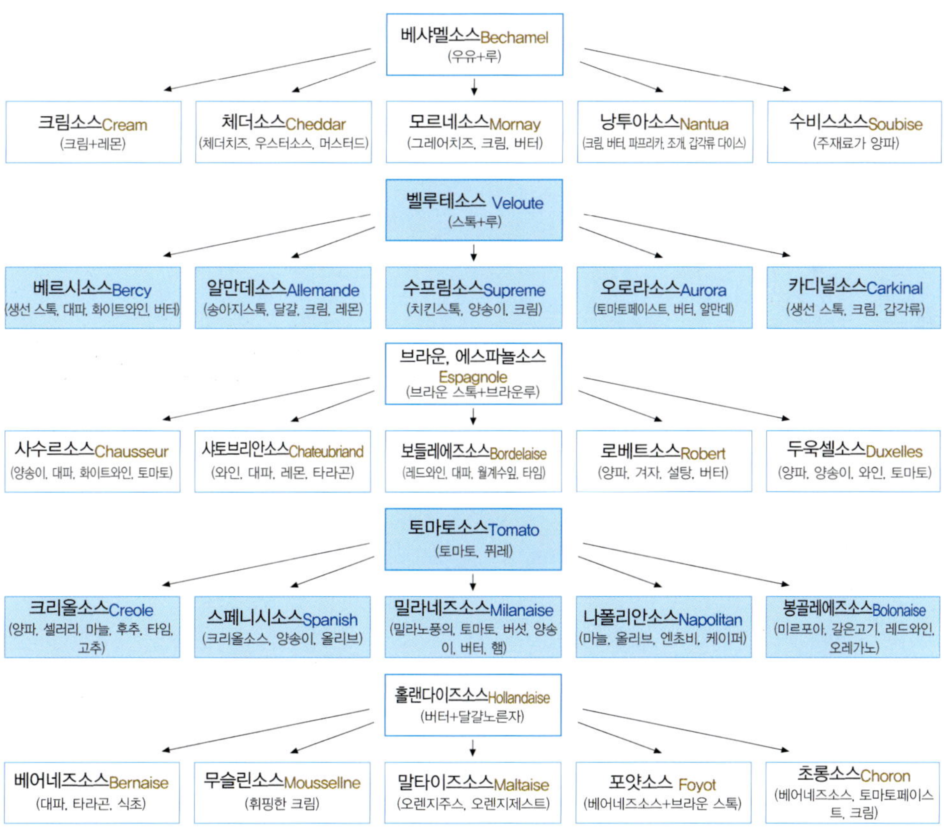

https://www.google.co.kr

(4) 소스의 종류

① 베샤멜소스Bechamel Sauce

화이트 루에 우유와 향신료를 첨가하여 걸쭉하게 만든 것으로, 화이트소스의 기본이 된다. 17세기 프랑스에서 루이스 베샤멜Louis de Bechamel이라는 사람이 진한 빌스톡에 버터를 넣어 만든 것에서 유래되었으며, 약간의 재료를 더 첨가하여 육류, 흰살생선, 채소, 달걀 등의 요리와 크로켓, 그라탱에 사용한다. 베샤멜소스의 질을 보다 부드럽고 감촉이 좋게 만들기 위해서는 우유와 화이트루가 덩어리가 생기지 않고 잘 풀어진 상태에서 양파와 향신료를 넣고 끓여야 한다. 베샤멜소스는 짙은 우윳빛에 윤택이 나고, 농도는 묽어서 흘러내리지 않고 다른 재료를 충분히 감쌀 수 있어야 한다.

자루냄비에 버터를 약불로 녹인다.

버터에 밀가루를 넣고 잘 볶는다.

밀가루가 잘 풀어지도록 저어준다.

미리 두꺼운 팬에 우유를 데워 준비하고, 조금씩 넣으면서 잘 풀어준다.

덩어리가 생기지 않도록 끓어오를 때까지 계속 잘 저어준다.

끓기 시작하면 불을 줄이고 월계수잎, 정향, 넛맥 등 향신료를 넣고 30분 정도 더 약한 불에서 은근히 끓여준 다음 오븐에 15분 정도 넣으면 맛이 한결 좋아진다.

소스를 차이나캡과 소창을 사용하여 걸러 낸 다음, 일정한 그릇에 담고 표면이 마르지 않도록 녹인 버터를 발라준다.

② 벨루테소스Veloute Sauce

벨루테소스는 닭이나 소, 생선 등으로 만든 화이트스톡에 루Roux를 첨가하여 농도를 낸 것이다. 재료에 따라 빌 벨루테, 치킨 벨루테, 피쉬 벨루테 등으로 구분되고, 여기에 다른 재료들을 첨가하여 다양한 파생소스들을 만들어 낼 수 있다. 벨루테소스의 풍미와 질감 등을 좋게 하기 위해서는 벨루테소스에 사용되는 스톡을 생산할 때 육수의 풍미가 진해지도록 끓여야 한다.

벨루테를 만들기 위해 화이트스톡이나 생선스톡을 준비해야 한다.

스톡이 완성되면 버터와 밀가루를 준비한다.

냄비에 버터를 넣고 화이트 루가 될 때까지 볶는다.

화이트 루가 완성되면 스톡을 여러 번 정도 나누어 넣고 잘 저어준다.

향신료를 넣고 저어주면서 끓이고 소창이나 채에 걸러 벨루테를 완성한다.

③ 브라운소스Brown Sauce

브라운소스는 브라운스톡, 브라운 루, 갈색으로 볶은 채소, 토마토 페이스트, 향신료 등을 넣어 만든 것으로, 에스파뇰소스Espagnole Sauce라고도 불린다. 이것을 반으로 졸이면 데미 글라스가 되고, 다시 반으로 또 졸이면 그라스 비앙이 되는데 주로 육류 요리에 사용한다. 장시간 끓여내기 때문에 맛과 향이 깊고 풍부한 편이며, 다른 재료들을 첨가하여 다양한 파생소스들을 만든다.

브라운소스를 만들기 위해 브라운스톡을 준비한다.

미르포아를 오븐에서 갈색이 나도록 굽거나 팬에서 볶아준다.

소뼈도 오븐에서 갈색이 나도록 구워 식혀 냄비에 담아준다.

갈색으로 볶은 미르포아에 토마토 페이스트를 넣고 잘 볶은 다음, 향신료와 파슬리 줄기, 브라운스톡을 넣고 끓기 시작하면 불을 줄이고 은근하게 졸인다.

끓어오르면 거품과 불순물을 제거한다.

소스를 차이나캡과 소창을 사용하여 걸러낸 다음, 일정한 그릇에 담아낸다.

④ 토마토소스Tomato Sauce

맛이 좋은 토마토소스를 만들기 위해서는 토마토와 토마토 페이스트, 채소, 허브, 브라운스톡, 브라운 루가 기본적으로 필요하다. 루는 소스가 묽게 만들어졌을 때 사용하기도 하지만, 근래에는 대체로 퓨레 형태로 그 자체를 졸여서 농도를 맞춘다. 그렇기 때문에 다른 소스에 비해 입자가 거친 편이다. 토마토소스를 맛있게 생산하기 위해서는 질 좋은 토마토의 선택이 무엇보다 중요하며, 함께 사용되는 채소와 향신료와의 조화도 중요하다. 특히 채소와 토마토 페이스트는 떫은맛이나 불필요한 맛을 제거하기 위해 잘 볶아서 사용해야 한다.

소스 포트에 햄 조각과 마늘을 넣고 기름기가 흘러나오도록 열을 가해주고 양파, 셀러리, 당근 다진 것을 넣고 색깔이 투명해지고 물기가 스며나와 냄새가 구수해질 때까지 볶아준다.

토마토 페이스트, 향신료, 화이트와인, 기타 양념을 넣고 신맛이 없어질 때까지 서서히 볶는다.

화이트스톡을 붓고 약 2~3시간 정도 토마토가 으깨지고 다른 재료에서 맛이 완전히 우러나도록 은근하게 끓여준다.

향신료 다발을 제거하고 굵은 체나 후드밀에 내려 냉각시킨 다음, 만든 날짜와 시간을 기재하고 냉장고에 보관한다.

⑤ 홀렌다이즈소스Hollandaise Sauce

홀렌다이즈소스는 유화작용을 이용한 대표적인 소스이다. 유화작용이란, 서로 섞이지 않는 기름이나 물과 같은 재료들에 물리적인 힘을 가하거나 유화성분을 첨가함으로써 고루 섞이게 만드는 것으로, 홀렌다이즈소스는 달걀노른자가 함유하고 있는 '레시틴Lecithin'이라는 유화성분을 이용하여 재료들을 서로 섞이게 만드는 것이다. 향신료, 레몬주스, 식초, 와인 등을 졸여서 체에 거른 액체와 정제버터, 달걀노른자를 혼합해서 만드는 것으로, 소스를 만들 때는 냄비를 중탕으로 하여 액체와 섞은 달걀노른자를 살짝 굳힌 후 정제버터를 조금씩 넣으면서 저어줘야 한다. 이때 온도가 너무 높으면 달걀노른자가 익어 덩어리가 생기며, 버터를 너무 빨리 넣거나 많은 양을 넣으면 섞이지 않고 분리되기 때문에 주의해야 한다. 완성된 소스는 황금빛의 밝은 노란색을 띠면서 크림 형태를 유지해야 한다.

홀렌다이즈소스를 만들기 위해 중탕으로 정제버터를 만들고 불순물을 제거한다.

냄비에 와인, 월계수잎, 레몬, 파슬리줄기, 식초를 넣고 에센스를 만들어 준비한다.

스테인리스볼을 이중탕에 올리고 위퍼로 천천히 저어준다. 달걀노른자가 크림 형태로 변하고 농도가 나타나며 표면에 윤기가 돌기 시작하면 레몬주스를 첨가한다.(이때 절대로 달걀노른자가 익지 않도록 이중탕의 온도를 유지한다.)

스테인리스볼에 식초와 후추를 넣어 졸인 물을 고운 체에 내린 다음 조금씩 넣고 저어준다.

버터를 조금씩 넣어가면서 위퍼로 계속 저어주어 유화가 일어나도록 한다. 일단, 유화현상이 정상궤도에 오르면 버터의 양을 조금 늘려도 된다.

믹싱볼에 졸인 85~90℃ 정도되는 물에 중탕해서 거품기로 계속 저으면서 크림소스 농도가 될 때까지 익힌다.

농도를 맞추기 위해 에센스나 레몬주스를 첨가한다.

완성된 홀렌다이즈소스는 중탕으로 45~50℃ 정도 온도에서 보관해야 한다.

가. 홀렌다이즈소스를 만들 때의 주의사항

- 온도Temperatures : 달걀노른자와 향신료, 그리고 정제버터의 온도는 따듯한 상태를 유지해야 하는데, 버터의 온도가 너무 높을 경우 달걀이 익어 홀렌다이즈를 만드는 데에 좋지 않다. 그러므로 온도 유지에 신경을 써야 한다.
- 버터정제Clarified Butter : 정제된 버터를 사용하면 정제되지 않은 버터 사용 시 수분과 우유에 존재하는 불순물 없이 보다 좋은 품질의 홀렌다이즈소스를 생산할 수 있다.
- 위생Sanitation : 홀렌다이즈소스를 만들 때는 무엇보다 적정온도를 유지하는 것이 중요하다. 홀렌다이즈소스는 온도가 60℃ 이상으로 올라가게 되면 달걀의 단백질이 굳어져 만들 수 없고, 또 너무 온도가 내려가면 버터가 굳어지는 현상이 발생해 원하는 소스를 만들 수 없다.

CHEF NOTE

홀렌다이즈소스를 만들 때 분리가 되는 경우

홀렌다이즈소스를 생산할 때 분리되는 경우가 종종 발생한다. 소스가 분리되는 원인은 여러 가지가 있을 수 있다.

첫째, 달걀이나 정제버터의 온도가 너무 높거나 낮은 경우
둘째, 달걀과 정제버터의 온도 차이가 많이 나는 경우
셋째, 소스를 생산하면서 버터를 너무 빨리 많은 양을 넣은 경우
넷째, 거품기로 충분히 섞어주지 못하였을 경우
다섯째, 달걀의 양에 비해 정제버터가 지나치게 많을 경우

〈해결방법〉 만약 홀렌다이즈소스를 생산하던 중 분리가 되었을 경우에는 볼에 미지근한 물을 넣거나 위퍼로 세차게 휘젓다가 분리된 소스를 조금씩 첨가해 다시 유화시킬 수 있지만, 가능한 최선의 방법으로는 새로 처음부터 홀렌다이즈소스를 만드는 방법이 시간도 절약하고 재료의 손실도 방지하는 방법이다.

2) 스톡

(1) 스톡의 개요

스톡Stock은 뼈나 채소를 물에 넣고 은근히 끓여 맛, 향, 색깔 및 영양 가치를 높여 만들어낸 육수로, 서양요리에서 가장 기본이자 요리의 시작이며 여러 요리의 맛을 좌우하는 요소이다. 스톡은 뼈Bone, 소고기Beef, 닭고기Chicken, 생선Fish, 채소Vegetable 등을 끓여 맛을 낸 국물로써 향신료와 미르포아를 첨가해 장시간 끓여 깊은 맛을 낼 수 있도록 만들어야 한다. 채소와 향신료만으로 만드는 스톡도 있으며, 우리나라 음식에서 스톡은 국물 또는 육수에 해당한다.

스톡은 화이트스톡과 브라운스톡으로 구분되며, 화이트스톡은 미르포아와 향신료, 고기, 뼈를 스톡 포트에 물과 함께 장시간 끓인 것이고, 브라운스톡은 뼈와 채소를 오븐에 갈색이 나도록 구운 후 스톡 포트에 푹 끓인 것이다. 주요리가 흰색이면 화이트스톡을, 갈색이면 브라운스톡을 사용한다.

스톡을 끓이는 시간은 사용되는 재료, 양, 크기에 따라 조금씩 차이가 있지만, 대부분 장시간 끓여야 뼈의 젤라틴 및 영양성분, 채소의 향, 고기의 맛이 충분히 우러나온다. 스톡의 품질은 주로 맛, 색, 향, 맑기 등으로 결정되는데, 이는 신선한 뼈, 미르포아와 향신료, 물의 비율에 따라 달라지며 주요 향신료를 얼마만큼 사용하느냐에 따라 차이가 발생한다. 스톡은 맛을 너무 강하게 만들면 안 되며, 만들어진 후 일정기간 보관하며 필요할 때 사용하게 되므로 이물질이나 다른 향이 첨가되지 않도록 보관 시 주의해야 한다.

(2) 스톡의 재료

스톡의 종류가 다르다 할지라도 스톡에 사용되는 재료는 그 스톡의 기본 재료인 뼈Bones와 맛을 돋우기 위한 채소, 즉 미르포아Mirepoix, 향신료, 물Water로 구성되어 있다.

① 뼈

뼈Bones는 스톡생산에 있어 맛을 좌우하는 주재료이기 때문에, 스톡의 맛을 좋게 하기 위해서는 무엇보다 뼈의 선택이 중요하다. 뼈를 고를 때는 뼈의 색, 냄새, 뼈가 포함하고 있는 연골, 콜라겐, 젤라틴 등의 함유물들의 상태를 확인해야 하며, 스톡의 사용 목적에 알맞은 종류의 뼈를 선택한다.

- 소뼈와 송아지뼈Beef and Veal Bones
- 닭뼈Chicken Bone
- 생선뼈Fish Bones
- 기타 잡뼈Other Bones

② 미르포아

미르포아Mirepoix는 18세기 Levis-Mirepoix 공작의 요리사가 스톡에 향과 맛을 더하기 위해 개발한 것으로 양파, 당근, 셀러리, 대파, 파스닙 등을 필요에 따라 그 비율을 달리하여 사용한다.

기본 미르포아는 양파 50%, 셀러리 25%, 당근 30% 정도의 비율로 만들어 스톡이나 수프, 소스 등을 만들 때 사용한다. 미르포아는 향과 맛을 우려내고 제거되기 때문에, 양파만 껍질을 벗기고 다른 재료들은 보통 껍질을 제거하지 않는데, 브라운스톡Brown Stock을 만들 때는 색깔을 진하게 하기 위해 양파껍질을 함께 넣는다. 미르포아에 사용되는 채소의 모양이나 크기는 정해진 것은 없으나, 스톡을 끓이는 시간이나 양에 따라 그 크기를 조금씩 달리해 사용한다. 조리시간이 짧은 것은 보통 잘게 썰어야 하며, 오랜 시간 조리하는 것은 크게 썰거나 통째로 넣기도 한다.

화이트 미르포아White Mirepoix는 양파 25%, 셀러리 25%, 파 25%, 파스닙 25% 정도의 비율로 만들어 생선스톡이나 치킨스톡 등 화이트스톡을 끓일 때 사용하는데, 당근을 넣으면 색이 변하므로 설탕당근이라 불리는 파스닙을 사용하는 것이다. 파스닙 대신 양송이로 대신하기도 한다.

기본 미르포아(Basic Mirepoix)

화이트 미르포아(White Mirepoix)

③ 부케가르니

부케가르니Bouquet Garni는 프랑스어로 '향신료 다발'이라는 뜻이다. 부케가르니를 만들 때는 파슬리줄기, 대파 흰부분, 월계수잎, 타임, 로즈마리, 통후추, 정향, 마늘 등을 실로 묶거나 소창에 넣고 묶는다. 스톡을 끓이는 과정에서 생길 수 있는 잡냄새를 없애고 더욱 좋은 맛과 향을 가진 스톡을 얻기 위해 사용한다. 스톡은 약한 불에서 오랜 시간 끓여내기 때문에 향신료들을 통째로 사용해도 충분히 우러나며 이 향신료들은 스톡을 끓이기 시작할 때 넣고 마무리단계에서 제거한다.

통후추, 타임, 마늘, 월계수잎, 파슬리줄기, 셀러리를 준비한다.

준비된 재료를 실이나 소창으로 묶어 준비한다.

소창이나 면보에 싸서 준비한다.

(3) 스톡의 종류

	스톡의 종류	세분화된 스톡의 종류	만드는 방법 및 특징
스 톡	화이트스톡	화이트 비프 스톡	뼈 있는 육류나 생선, 채소 등 각각의 재료를 향신료와 함께 뭉근히 끓여낸 것
		화이트 피시 스톡	
		화이트 치킨 스톡	
		화이트 채소 스톡	
	브라운스톡	브라운 비프 스톡	육류를 뼈째 채소와 함께 갈색이 나도록 만든 후 향신료와 함께 뭉근히 끓여낸 것
		브라운 빌 스톡	
		브라운 게임 스톡	
		브라운 치킨 스톡	
	부용	미트 부용	뼈 없는 육류, 채소를 화이트와인과 식초 등을 첨가하여 맑게 끓여낸 것
		채소 부용	

① 화이트스톡

화이트스톡White Stock은 스톡이 사용될 요리의 색에 영향을 주지 않기 위해 색을 내지 않고 깊은 맛만 서서히 우려낸 것이다. 화이트 스톡은 송아지나 소, 닭, 생선 등을 뼈째 찬물에 담그거나 끓는물에 살짝 데쳐서 불순물을 제거한 후 채소와 향신료 등을 함께 넣고 장시간 끓여내는데, 이때 센 불에 끓이게 되면 색이 누렇게 혼탁해지므로 약한 불에서 서서히 거품을 걷어내며 끓여야 한다.

화이트 스톡은 사용 용도에 따라 그 농도의 정도를 연하게 또는 진하게 만들어진다. 그 농도에 따라 색상이 투명하거나 옅은 우윳빛을 띠는데, 향과 맛 그리고 젤라틴 성분이 풍부하게 함유되도록 만들어야 한다.

화이트스톡은 만드는 사람에 따라서 조리 전에 뼈를 살짝 삶아내는 경우도 있다. 이렇게 하는 이유는 깨끗한 스톡을 만들기 위함이나, 자칫하면 맛과 향, 영영분이 빠져 나갈 수도 있다.

화이트스톡 재료

찬물에 소뼈를 담가 핏물을 제거한다.

끓는물에 한 번 데쳐낸다.

미르포아와 향신료를 넣어준다.

끓어오르면 거품을 제거해 불순물을 걸러낸다.

스톡이 충분히 우러났으면 소창이나 채에 걸러 완성한다.

② 브라운스톡

브라운스톡Brown Stock은 진한 갈색을 띠면서 보다 깊은 맛이 나도록 서서히 우려낸 것이다. 화이트 스톡과 같은 방법으로 불순물을 제거한 송아지, 소, 닭 등의 육류를 뼈째 채소와 함께 갈색이 나도록 볶거나 오븐에 구워낸 후, 토마토 페이스트와 향신료 등을 넣고 낮은 불에서 거품 등을 걷어내며 장시간 끓여낸 것을 불순물과 내용물을 걸러내고 필요한 농도로 졸여서 사용한다.

브라운스톡이 화이트스톡과 다른 점은 뼈와 미르포아Mirepoix를 높은 열을 이용해 굽거나 볶아 재료 속의 당분이 열에 의해 표면을 갈색으로 변화시키는 캐러멜화의 과정을 거쳤다는 것, 토마토 페이스트Tomato Paste 등을 첨가하여 향미를 증진시켰다는 점이다.

찬물에 소뼈를 담가 핏물을 제거한다.

미르포아 재료를 준비한다.

핏물을 제거한 뼈를 오븐에서 갈색이 나도록 구워낸다.

냄비에 구운 뼈를 넣어준다.

팬에 미르포아를 갈색이 나도록 굽고 토마토 페이스트를 넣고 갈색이 나도록 볶아낸다.

팬에서 볶은 모든 재료를 냄비에 넣고 끓여낸다.

끓어오르면 불순물과 거품을 계속 제거한다.

스톡이 충분히 우러났으면 소창이나 채에 걸러 완성한다.

CHEF NOTE

브라운스톡 생산 시 Tip

– 뼈와 채소가 갈색으로 잘 조리되어야 스톡의 색깔이 갈색이 나온다.
– 토마토 페이스트는 신맛이 나므로 볶아서 사용한다.
– 토마토 페이스트는 따로 볶아서 브라운스톡 조리 시 부케가르니와 같이 넣어주는 것이지만, 시간절약을 위해 미르포아를 조리 후 토마토 페이스트도 같이 볶아서 사용하기도 한다.

▶ 토마토 페이스트 : 페이스트Paste란, 과실, 채소, 견과류, 육류 등 모든 식품을 갈거나 체에 으깬 과실류, 채소, 견과류, 육류 등 모든 식품을 갈거나 체에 으깨어 부드러운 상태로 만든 것이다. 또는 고체와 액체의 중간 굳기를 뜻하는 용어로, 반죽의 중간에 위치하는 상태를 말한다.

▶ 과실 페이스트 : 과실의 과육을 잘게 다져 체에 거르거나 믹서에 돌려 부드러운 상태로 만든 다음 불에 올려놓고 설탕을 더해 조린다. 가열한 결과 살균이 되었기 때문에 보존성이 크다.

▶ 채소 페이스트 : 과실 페이스트처럼 채소를 부드러운 상태로 만든 것을 의미하는데, 양식조리에서 토마토 페이스트를 많이 사용한다.

▶ 견과류 페이스트 : 견과류를 설탕과 섞어 잘게 부순다. 이때 견과류 자체에서 배어나온 지방이 섞여들어 부드러운 반죽이 된다. 아몬드 페이스트, 헤이즐넛 페이스트, 밤 페이스트, 프랄리네 페이스트가 여기에 속한다.

▶ 육류 페이스트 : 고기, 생선, 내장을 갈아 만든 것을 의미한다.

▶ 된장과 고추장도 페이스트라고 한다.

▶ 양식조리에서는 양파를 오랜 시간 동안 볶아 갈색으로 만든 양파 페이스트를 사용한다.

③ 생선스톡

생선스톡Fish Stock은 기름기가 없는 흰살 생선류의 뼈와 머리 등을 이용하여 서서히 우려낸 것이다. 깨끗이 손질한 생선을 찬물에 잠시 담가 핏물과 불순물을 제거하고, 뼈째 채소와 함께 색이 나지 않게 살짝 볶은 후 향신료, 레몬즙, 화이트와인 등을 첨가하여 한 시간 정도 끓여 소창에 걸러내고 사용한다. 비교적 짧은 시간에 끓여내는 스톡이므로, 사용되는 채소들을 작은 크기로 넣는 것이 좋다.

생선스톡 만들기 재료

생선뼈를 찬물에 담가 핏물을 제거한다.

버터를 넣은 냄비에 생선뼈를 색이 나지 않게 약한 불에서 살짝 볶는다.

와인을 넣고 졸여낸다.

물과 향신료를 넣고 스톡을 만든다.

레몬을 넣고 30분 정도 끓인 후 소창에 걸러 완성한다.

④ 채소스톡Vegetable Stock

채소스톡 재료

채소를 냄비에 넣고 찬물을 부어 은근히 끓여 스톡을 만든다.

채소스톡이라 부르긴 하지만, 스톡이라기보다는 채소와 향신료를 사용하여 만든 깔끔한 국물로 건강에 관심이 높아지면서 사용빈도가 늘어나고 있는 추세이며, 식이조절을 하는 사람이나 채식주의자들을 위한 요리에 주로 사용된다. 채소스톡은 먼저 양파와 당근, 대파 등을 뭉그러지도록 볶은 후 향신료를 넣고 다시 한 번 살짝 볶은 다음, 찬물을 부어 한 시간 정도 은근히 끓여 걸러내고 사용한다. 채소스톡은 다른 스톡에 비해 단백질과 지방 등의 성분과 진한 풍미는 없지만, 비타민과 무기질 등이 비교적 풍부하고 은은한 향을 가지고 있어 산뜻한 맛을 내는 요리와 웰빙요리에 사용하기가 적합한 국물이다.

⑤ 꾸르부용Court Bouillon

꾸르부용은 채소스톡에 식초나 화이트와인과 같은 산성 성분의 재료를 더하여 끓여낸 국물이다. 산성성분이 첨가되어 있어 응고시키는 성질이 있기 때문에, 생선이나 갑각류와 같은 해산물요리에 주로 사용한다. 또 이 꾸르부용에 생선의 뼈나 갑각류 껍질까지 넣고 끓인 국물을 첨가하여 끓여낸 것을 나주Nage라 하는데, 나주는 연체동물을 주재료로 하는 요리에 사용한다.

CHEF NOTE

꾸르부용 Tip

- 꾸르부용은 해산물을 포칭(Poaching)하기 위해 준비하는 향기 있는 액체이다.
- 꾸르부용은 조리의 중간단계에서 사용되거나 신속히 식혀서 나중에 사용할 수 있도록 보관한다.

(4) 스톡생산 시 주의해야 할 점

서양요리에서 스톡은 거의 대부분의 요리에 기본적으로 사용되므로, 대량으로 생산하여 보관하며 사용한다. 그렇기 때문에 사용되는 재료와 정확한 조리법 그리고 알맞은 보관법 등을 정확히 알아야 한다. 다음은 스톡생산 단계에서 숙지해야 할 것들이다.

① 찬물을 사용Start the Stock in Cold Water

스톡Stock을 만들 때에는 찬물을 사용해야 한다. 찬물은 식재료에 포함되어 있는 고유의 맛과 향 등의 성분들을 잘 용해시켜주어 스톡의 풍미를 향상시킨다. 그리고 열이 가해졌을 때 재료에서 나오는 불순물들을 굳어지게 만듦으로써 스톡이 혼탁해지는 것을 방지해 주기도 하며 불순물들이 굳어져서 위로 떠올라 제거하기 용이해진다. 찬물로 재료가 충분히 잠길 정도의 물의 양을 넣고 끓이는 것이 중요하다.

뜨거운 물을 이용하면 불순물이 빨리 굳어져 뼈 속의 맛이 잘 우러나지 못하며 혼탁해진다. 끓이는 과정에서 물이 줄면 물을 넣어 뼈가 충분히 잠길 수 있게 해주는 것도 중요하다. 산소와의 접촉을 막아 색깔이 검게 변하는 것을 방지하기 위함이다.

② 강불에서 시작하여 약불로 서서히 끓이기Simmer the Stock Gently

뼈나 근육 속에 있는 맛과 향 등은 비교적 낮은 온도에서 충분히 끓여야 용해가 잘 된다. 그러므로 물이 끓기 시작하면 불의 세기를 조절해서 약 90℃ 정도의 낮은 온도의 불로 서서히 장시간 끓여야 진한 스톡을 생산할 수 있는 것이다. 또 스톡의 혼탁도 역시 센 불로 가열할 때 자연정화 작용을 하는 단백질 성분인 알부민이 뼈 속에서 나오지 못하고 파괴되어 불순물들과 기름기 등이 물과 엉키기 때문에 발생한다. 그렇기 때문에 스톡은 자연 정화작용을 유발할 수 있도록 낮은 온도에서 서서히 끓인다.

③ 거품 및 불순물 제거Skim the Stock Frequently

스톡을 생산할 때는 처음부터 마지막까지의 모든 과정에서 발생하는 거품과 불순물들을 제거해야 혼탁도를 줄일 수 있다. 스톡을 끓이기 위해 열을 가하면 물이 끓어오르기 시작하면서 재료가 가지고 있는 불순물들이 표면 위로 떠오르게 되는데, 이것들을 완전히 제거한 후 채소와 향신료 등을 넣어야 한다. 끓이

CHEF NOTE

스톡에서 지방(기름) 제거하기

- 대부분의 호텔이나 고급 레스토랑을 제외하면 지방이 꼭 나쁜 것만은 아니다. 예를 들어, 중식에서 고추기름을 사용하는 경우나 일본라면을 파는 식당에서는 실제로 기름을 라면 그릇마다 넣는다. 물론 알맞은 것과 너무 많은 것 사이에는 큰 차이가 있다.
- 식당에서의 스톡이나 육수는 끓이면서 계속 확인하고 조심스럽게 떠오르는 거품이나 지방을 주기적으로 걷어내서 육수를 최대한 맑게 한다고 배운다. 하지만 그 양이 많지 않을 경우나, 가정에서는 더 쉬운 방법으로 육수를 바로 냉장고에 넣어둔다. 그러면 기름이 굳어서 쉽게 걷어낼 수 있는 막이 만들어지는데, 이때 바로 걷어내면 손쉽게 사용이 가능하다.

는 전 과정에서 생기는 거품, 지방, 기타 불순물들을 계속해서 제거해야 한다. 또 스톡포트에 붙은 기름과 부유물 덩어리까지 제거해야 맑고 질 좋은 스톡을 생산할 수 있다.

④ 약한 불로 졸이기

스톡은 종류에 따라 생산 시 소요되는 시간이 다르긴 하나 대체로 장시간 끓여야 하는 경우가 많기 때문에 끓일 때 불의 강도 조절이 매우 중요하다. 즉 스톡을 끓이는 용기 속에서 대류작용이 서서히 발생하도록 하여야 하는데, 스톡이 혼탁해지는 것을 방지하기 위해 그 세기가 너무 지나치지 않아야 한다. 또 불이 너무 약해 대류작용이 일어나지 않으면 용기의 바닥에 내용물이 쌓이고, 시간이 경과하면 그 내용물이 타기 때문에 스톡에 나쁜 향이 들 수 있으므로 아주 서서히 끓을 수 있는 정도의 약한 불로 조리해야 한다.

⑤ 스톡 걸러내기Strain the Stock Carefully

스톡을 맑고 깨끗하게 만들기 위해서는 스톡을 끓일 때 넣었던 내용물들을 걸러내고 국물만 분리해 주어야 한다. 먼저 뼈와 채소, 부케 가르니, 기름 덩어리 등 크기가 비교적 큰 것들을 부서지지 않도록 집게나 체를 이용해 건져낸 후, 스톡에 남아있는 내용물을 가라앉힌 상태에서 면보나 소창을 두 겹으로 접어 스톡을 걸러준다. 그리고 마지막까지 표면 위에 남아 있는 기름기는 흡수지를 이용해서 제거한다. 최근에는 바닥 부위에 스톡을 분리해 낼 수 있는 배출구가 달려있는 스톡포트가 있어 쉽게 걸러낼 수 있다.

⑥ 냉각Cool the Stock Quickly

쿨링박스는 스톡, 수프, 소스 등을 빨리 식히는데 사용한다.

서양요리에서 스톡은 거의 대부분의 요리에 기본적으로 사용되므로 많은 양을 한꺼번에 만들어 일정기간 보관하며 사용한다. 그렇기 때문에 대량 생산된 스톡은 빨리 식혀서 스톡의 맛과 향이 유지되도록 함은 물론이고 세균 번식을 막아야 하는 것이 중요하다. 무엇보다 스톡의 변화를 지연시키면서 안전하게 스톡을 보관하려면, 우선 불순물과 내용물을 모두 걸러낸 후 스톡을 열전달이 빠른 금속용기에 담아서 쿨링박스 또는 얼음물이 든 싱크볼이나 커다란 용기에 넣고 저어주면서 되도록 빨리 냉각되도록 해야 한다. 이때 밖의 물 표면이 용기에 담긴 스톡 표면보다 약간 높은 정도로 조절해야 한다.

⑦ 저장Store the Stock

스톡을 저장하기 위해서는 스톡을 완전히 냉각시킨 후 뚜껑이 있는 용기에 나누어 담고 냉장실이나 냉동실에 보관한다. 이때 메모지나 라벨지 등에 스톡 만든 일시와 스톡의 이름을 기록해 용기에 붙여준다. 보관 시 표면에 기름기가 굳어 기름덩어리가 발생하면 제거해 주도록 한다. 냉장보관 한 스톡은 3일 이내에 사용하는 것이 좋고, 냉동보관을 한 스톡은 6개월을 넘기지 않도록 해야 한다.

CHEF NOTE

기름은 끓지 않는다.

대부분 사람들은 기름이 끓으면 재료를 넣는다고 말을 한다. 하지만 기름이 정말로 끓을 수 있을까? 기술적으로는 가능하나 실제로는 끓지 않는다. 끓는다는 것은 액체가 기체로 전환하는 것이다. 물은 100℃에서 끓고, 휘발성이 강한 질소용액은 −195℃에서 끓는다. 기름의 끓는점은 훨씬 더 높다. 실제로 기름은 연기가 나기 시작하면서 끓는점에 도달하기 한참 전에 불이 붙는 것이다. 연기가 기름 위에 나타나기 시작하는 발연점과 기름이 불이 붙는 온도인 인화점은 190~288℃ 범위에 있다. 그래서 기름은 끓는점보다 많이 아래에 있다. 기름 냄비에서 끓고 있는 것은 기름이 아니라 튀기고 있는 재료 속에 든 수분이 기름 속에서 끓으면서 기포를 내놓는 것이다. 튀기고 있는 재료를 꺼내면 끓고 있는 기름이 멈추는 이유이다.

06 허브와 스파이스Herb & Spice

1) 허브

주방에서 허브Herb의 사용은 나라마다 요리방법에 따라 다르다. 모든 요리는 그 재료에 맞는 허브를 가지고 있으며 그 재료에 맞게 요리해야 한다. 중동에서는 오레가노, 민트와 딜을 많이 사용하며, 그리스에서는 양고기요리에 주로 사용된다. 태국에서는 코리엔더잎을 거의 모든 요리에 사용한다. 그리고 레몬그라스는 생선과 닭요리에 사용한다. 영국에서 세이지는 돼지고기요리에 좋으며 양고기요리에는 민트소스를 제공한다. 딜은 북유럽에서 생선요리, 러시아와 덴마크의 수프, 미국의 오이절임에 중요한 향신료이다. 이탈리아인들은 토마토에 바질, 양고기에 로즈마리를 사용한다. 독일인들은 콩요리에 세이보리를, 프랑스인들은 닭에 타라곤을, 생선에 펜넬을 사용하는 것을 좋은 조합으로 여긴다. 그리고 프로방스의 허브는 매운맛과 향기로 유명하다.

바질Basil

엷은 신맛이 나고 정향과 비슷한 달콤하면서도 강한 향이 있어 잎을 뜯기만 해도 공기 중에 향이 진하게 퍼진다. 독특한 맛과 향기가 있어 닭고기, 생선, 어패류요리에 많이 사용되고, 특히 토마토요리에 어울린다. 다양한 채소와 함께 샐러드에 이용하고 스파게티, 피자, 수프, 소스, 바질오일 등을 만들 때도 사용된다.

바질 페스토Basil Pesto

지중해가 원산지로 알려진 바질 페스토는 이탈리아 제노바 항구를 이용하는 외국인들을 통해 세계에 알려졌다. 잘게 다진 바질, 으깬 마늘, 잣과 파르메산치즈, 올리브오일로 만들어진 가열하지 않은 소스로 주로 파스타를 만들 때 사용한다.

처빌Chervil

주로 한여름이나 한겨울에 수확하는 것이 맛이 좋으며, 파슬리보다 맛과 향이 뛰어나 파슬리 대용으로 많이 사용한다. 처빌은 프랑스요리에 많이 사용되는 파인허브Fines Herbs : 처빌, 차이브, 타라곤, 파슬리를 잘게 썰어서 동량으로 섞은 믹스허브에 빠질 수 없는 재료 중 하나로 생선, 육류요리 등의 냄새를 없애고 향을 돋우는 중요한 재료이다.

딜Dill

노란우산을 펼쳐놓은 것 같은 꽃과 실 같이 가는 녹색의 잎을 가지고 있는 식물로 잎, 줄기, 씨, 꽃을 사용한다. 딜의 잎은 휀넬Fennel과 생김새가 유사하기 때문에 한눈에 구별하기는 쉽지 않으나, 조금 찢어서 씹어보면 휀넬은 단맛이 나고, 딜은 단맛과 함께 매콤하면서 톡 쏘는 시큼한 풍미가 있다.

로즈메리Rosemary

지중해연안이 원산지인 다년생풀로 잎과 꽃을 사용하는 식물이다. 로즈마리는 신선한 숲을 생각나게 하는 강한 향이 있기 때문에 풍미를 더하기 위한 요리에 작은 가지를 통째로 넣어 사용하기도 하지만, 맛과 향이 강하기 때문에 주의해야 한다.

민트Mint

민트는 매우 다양한 품종이 있지만 주로 스피어민트Spearmint와 애플민트Applemint를 요리에 사용한다. 스피어민트는 살짝 매콤하지만 특유의 알싸한 맛과 향, 청량감이 있어 민트소스, 민트젤리, 스터핑, 샐러드 등과 모로칸 민트티 등의 음료에 향미제로 사용된다. 애플민트는 사과와 박하를 섞어 놓은 듯한 달콤함과 기분 좋은 순한 향을 가지고 있어서 채소요리, 생선요리, 달걀요리 등과 소스, 젤리, 식초, 아이스크림 등에 사용된다.

민트젤리Mint Jelly

전통적인 영국식 조리법으로 사과젤리와 민트잎으로 만든다.

마조람Marjoram

마조람은 산화를 방지하는 효과가 있어 고대 그리스에서 정향, 아니스, 커민, 시나몬 등과 함께 미라를 만드는 재료로도 쓰였다고 한다. 고대 로마시대 때부터 육류요리의 소스를 만들 때 마조람을 넣었고, 중세시대 때부터는 샐러드에도 널리 이용하였다. 요즘은 소스와 샐러드뿐만 아니라 소시지, 햄, 치즈, 스튜, 파이, 육류, 생선, 해산물, 달팽이, 간, 채소 등을 사용한 대부분의 요리에 광범위하게 사용된다.

오레가노Oregano

상쾌한 향과 씁쌀한 매운맛을 가지고 있어 멕시코요리, 오믈렛, 비프스튜, 이탈리아요리 등에 많이 사용된다. 특히 토마토와 잘 어울려 토마토를 넣은 이탈리아요리에는 빠지지 않고 사용된다. 그 대표적인 요리가 피자 나폴레타나Pizza Napoletana이고, 그 외 토마토를 이용한 소스, 파스타, 육류요리, 생선요리, 샐러드, 주스 등에도 사용된다.

타임다임, Thyme

가장 인기 있고 대중적으로 잘 알려진 허브 중 하나인 타임은 향기가 멀리 퍼질 정도로 강하여 백리향 또는 사향초라고 불린다. 달콤함과 쌉쌀함을 함께 가지고 있으며, 오랜 시간 저장해도 그 맛과 향 등이 쉽게 변하지 않는다. 타임은 채소, 육류, 어패류, 달걀 등 어느 재료와도 잘 어울리며 수프, 스튜, 소스, 샐러드 등을 만들 때 사용하면 요리의 풍미를 상승시키고 방부 및 살균효과가 있어 햄, 소시지, 치즈, 토마토케첩, 피클 등의 저장식품을 만들 때 사용하면 보존제 역할을 한다.

차이브Chive

파의 일종으로 키가 작고 짙은 녹색의 매우 가는 잎을 가지고 있으며 보랏빛의 둥근 꽃이 핀다. 비타민 C와 철분이 풍부하며, 천연방부제 효능을 가지고 있고 꽃과 잎 모두 독특한 알싸한 향을 가지고 있어 육류나 생선요리, 수프, 샐러드 등 각종 요리에 사용된다.

펜넬Fennel

회향이라고 부르는 펜넬은 추위에 강하고 당근과 비슷한 밝은 녹색의 가는 잎을 가지고 있으며 긴 잎자루가 줄기를 둘러싸고, 여름에는 조그만 노란 꽃이 핀다. 펜넬은 주로 육류요리나 생선요리 또는 부야베스(해산물스튜), 샐러드를 만들 때 사용하고, 잘게 썰어 치즈를 넣은 소스에 첨가하기도 한다.

셀러리Celery

16세기경 이탈리아 정원사가 쓴맛이 강했던 야생 셀러리를 좋은 맛과 톡 쏘는 향, 바삭한 식감이 되도록 개량한 것이 오늘날의 샐러리이다. 원산지는 유럽이지만 여러 나라에서 재배되고 있으며 생으로 또는 통조림으로 일 년 내내 유통되고 있다. 잎이 크고 색이 짙은 녹색종Pascal과, 데쳐서 사용해야 하는 흰색의 잎맥을 가진 황색종Golden이 있다.

아루굴라[루꼴라]Arugula[Rucola]

프랑스어로 로켓Rocket이라고도 한다. 고대 로마시대부터 지금까지 사용되고 있는 역사가 오래된 연한 질감의 녹색 채소로 잎에 조그만 실금을 가지고 있는 향채이며, 특히 이탈리아에서 빼놓을 수 없는 채소로 여겨진다. 주로 생으로 샐러드 등에 넣어 사용하고 단시간에 볶는 요리, 소스, 생선요리 등에 사용한다.

트러플[송로버섯]Truffle

트러플은 세계 3대 식재료 또는 프랑스 3대 진미를 이야기할 때 푸아그라나 달팽이에 앞설 정도로 가장 먼저 거론되는 귀한 대접을 받고 있는 식재료이다. 우리나라에서는 전혀 나지 않고 재배조차도 불가능하여 100% 수입에 의존하고 있고, 해외에서도 채취가 쉽지 않아 가격까지 비싸게 형성되어 있다. 특유의 향이 진하고 강해 오랜 시간 보관하거나 물에 끓여도 향기를 잃지 않아 수프, 소스, 오믈렛, 리소토 등에 주로 사용되고, 강하고 우아한 향과 담백하고 고소한 맛을 가지고 있어 생으로 아주 얇게 썰어 파스타, 샐러드 또는 요리에 가니쉬로 주로 사용된다. 최근 들어 오일이나 꿀 등에 첨가하여 다양한 요리에 향미를 높이기 위해 사용된다.

2) 스파이스

스파이스는 향신료의 한 부분으로 다방면으로 사용된다. 허브를 후레쉬Fresh로 인식한다면 스파이스는 마른 것이나 씨앗, 껍질이나 뿌리 등의 건조한 허브를 말한다고 할 수 있다. 대표적인 스파이스로는 인도의 커리가루, 중국의 팔각, 일본의 시치미, 통후추, 넛맥, 정향, 계피 등등의 요리에 이용된다.

흰후추White Pepper

붉게 익은 숙성된 열매의 겉껍질을 벗겨 건조시키면 색이 하얗게 되기 때문에 흰후추라고 한다. 껍질째 말린 검은후추에 비해 덜 단단하고 매운맛과 톡 쏘는 맛은 덜하지만 향은 강하다.

검은후추Black Pepper

인도 남부지역이 원산지이며, 열대지방에서 잘 자라는 후추목과의 상록 덩굴식물의 열매를 완전히 익기 전의 짙은 녹색일 때 수확하여 햇볕에 말린 것이다. 성숙한 열매의 껍질을 벗겨 건조시킨 흰후추보다 향은 덜하지만, 매운맛과 톡 쏘는 맛이 강하다.

핑크 페퍼콘Pink Peppercorn

남아메리카산 페퍼트리나 마다가스카르산 Baies Rose Plant의 붉은색 열매이다. 종이처럼 얇은 껍질이 있는 붉은 열매로, 매콤하면서도 부드럽고 놀라우리만치 달콤한 맛을 가지고 있다. 붉은빛 이 화려하여 요리 장식용으로 많이 사용하고, 과일소스나 비네거 드레싱, 디저트, 고기와 생선요리, 해산물요리 등을 만들 때에 사용한다.

카옌페퍼Cayenne Pepper

북아메리카에서 자생하고 있는 허브의 일종으로 붉은칠리의 끝부분을 말려서 갈아 사용하는 향신료이다. 캡사이신 성분이 들어 있어 매운맛이 매우 강해, 핫소스나 칠리파우더를 만들고 칠리 콘 카르네와 같은 매운요리에 사용하며 카레, 육류, 생선류, 가금류, 소스 등에도 사용한다.

정향Clove

동남아시아가 원산지인 머틀과 상록수의 꽃이 피기 전에 꽃봉오리인 꽃눈을 말린 것으로, 생김새가 못과 흡사하고 향기를 가지고 있어 정향 또는 정자라고 한다. 사용 목적에 따라 통째로 또는 분말로 만들어 사용하는데, 통째로 사용하는 경우는 향이 우러나면 꺼낸다.

사프란Saffron

백합목 붓꽃과의 다년생 식물인 크로커스꽃의 암술대를 건조시킨 것이다. 흰 줄무늬가 있는 것보다 전체가 붉은 색이 감돌 정도의 짙은 오렌지색인 것이 좋은 것이며, 물에 용해되었을 때는 노란색을 띤다. 하나의 꽃에서 세 개의 암술대만 채취되기 때문에 값비싼 향신료로 알려져 있지만, 요리에 워낙 적은 양이 사용되는 진한 착색 향신료이다.

월계수잎Bay Leaf

향초의 일종인 월계수는 생잎 또는 건조한 상태로 쓰이는데, 생잎이든 마른 것이든 열기가 가해져야 월계수의 향미가 음식에 더 잘 밴다. 달콤한 향기와 쌉쌀한 맛을 가지고 있는 월계수는 특히 잡내 제거에 적합하여 생선과 고기의 마리네이드에 많이 이용하고 육수, 소스, 수프 등을 만들 때 넣어 좋은 향미를 낼 수 있게 한다.

피클링 스파이스Pickling Spice

피클을 만들 때 맛을 내기 위해 넣는 향신료들을 모아 원형 또는 분말의 형태로 만든 것을 '피클링 스파이스'라고 한다. 유럽에서는 오랫동안 쓰이고 있는 혼합 스파이스의 일종으로, 재료는 사람의 기호에 따라 선택할 수 있으며 주로 올스파이스, 월계수잎, 계피, 검은후추, 정향, 칠리, 고수, 겨자씨, 캐러웨이씨, 칠리, 회향씨, 심황, 카다몬, 메이스, 딜, 생강 등을 혼합하여 만든다.

스타아니스[팔각]Star Anise

서인도가 원산지인 목련과 상록수의 별 모양 열매로 중국 남부에서 많이 재배한다. 끓는물에 살짝 익힌 후 말려서 통째로 또는 분말 형태로 만들어 사용한다. 달콤한 듯 매콤하고 쌉쌀한 독특한 향과 맛은 육류나 생선 등의 불필요한 냄새를 없애는데 효과가 좋아 다양한 육류, 생선찜 등의 요리와 약재, 오향분, 차, 커피, 리큐르 등의 원료로도 사용한다.

계피Cinnamon

나무의 껍질을 찐 다음 식혀서 바깥쪽 껍질을 제거하고 안쪽 껍질만 말린 것으로, 매콤한 맛과 단맛 그리고 독특한 시원한 방향을 함께 가지고 있다. 스리랑카산이 시나몬Cinnamon, 다른 곳의 것은 카시아Cacia이며, 우리나라에서는 이것들을 구분하지 않고 '계피' 또는 '육계'라고 부른다.

REFERENCES

식재료사전(2017). 히로타다카코, 성안당.

이탈리아요리(2016). 윤수선 외, 지식인.

조리용어해설(2016). 윤수선 외, 지식인.

조리입문(2011). 오석태, 한국조리기술연구소.

주방관리론(2013). 윤수선 외, 백산출판사.

최신 서양요리(2012). 김동일 외, 대왕사 .

호텔식 정통서양요리(2007). 김헌철 외, 훈민사.

호텔연회조리(2013). 윤수선 외, 백산출판사 .

Garde Manger(2013). 윤수선 외, 백산출판사.

Hotel Shilla 직무교재.

Lotte Hotel 직무교재.

Ritz Carlton Seoul 연회.

The Plaza Hotel 직무교재.

The Professional Chef, 9 Edition, 2012.

http://www.ncs.go.kr/ncs/ NCS 국가직무능력표준 양식조리 학습모듈.

http://www.q-net.or.kr 한국산업인력공단 양식조리기능사 공개문제.

Profile

윤수선

현) 안산대학교 호텔조리과 교수

전) 한국관광대학교 호텔조리과 교수

호텔관광경영학 박사

대한민국 조리기능장

Seoul Plaza Hotel, Novotel Ambassador Seoul 조리팀

서울시장, 문화체육부장관, 보건복지가족부장관상

프랑스 Le Coredon Blue 요리학교 연수

이탈리아 I.C.I.F, ALMA 요리학교 연수

서울 세계관광음식박람회 보건복지가족부장관상

한국산업인력공단 기능사, 산업기사, 기능장 심사위원·출제위원

과정평가형 문제출제위원 심사위원

대한민국 요리경연대회 심사위원

코리아 푸드 트렌드페어 요리경연대회 심사위원

서울특별시, 경기도, 제주도 기능경기대회 심사위원

중등학교 정교사 교원자격

직업능력개발훈련 교사